W0195378

Spanisch
für Insider

Unzensierte Ausgabe:
Spanisch, wie es wirklich gesprochen wird

Langenscheidt

Berlin · Madrid · München · Warschau · Wien · Zürich

Spanisch für Insider

Originaltext: Isabel Mendoza, Marcos Frago Vicente, Ainhoa Telletxea Abascal, Asier Espilla Bidaurrazaga, Roberto Arias
Illustrationen: Kyle Webster
Cover: semper smile
Projektleitung: Eva Betz

Originalausgabe © 2004 APA Publications GmbH & Co. Verlag KG, Singapore Branch, Singapore

Satz: Franzis print & media, München
Druck und Bindung: Stürtz GmbH, Würzburg

ISBN 978-3-468-73853-1

INHALT

Vorspiel

Du willst in Spanien oder Lateinamerika so richtig akzeptiert werden? Dann solltest du nicht nur eine Handvoll spanischer Ausdrücke kennen. Wer wirklich mitmischen will, muss Slang, Szenesprache und Schimpfwörter draufhaben. *Spanisch für Insider* hat alles, was du brauchst, um Spanier und Latinos echt zuzutexten. Keine Grammatikübungen, keine Verbkonjugationen und keine Regeln, aber das Spanisch, das man wirklich spricht – von absolut intimen Details (*hablemos de sexo!*) bis zur Sprache von Computer, E-Mails, SMS und Chatrooms.

Spanisch ist nicht gleich Spanisch. Was in Lateinamerika total in ist, verstehen die Spanier vielleicht nicht mal. Damit du überall den richtigen Ton triffst, haben wir in diesem Buch alle Ausdrücke markiert, die nur in Lateinamerika oder in Spanien benutzt werden. Du findest ein AM (América) für Latino-Ausdrücke und ein E (España) für Ausdrücke, die in Spanien gebraucht werden. Wörter, die nur in einzelnen Ländern Lateinamerikas verwendet werden, sind auch markiert (z. B. MEXIKO oder KUBA).
Aber wundere dich nicht, wenn du diese Ausdrücke auch in anderen Ländern hörst. Besonders die Umgangssprache entwickelt sich ständig weiter, und durch Filme und Musik kommen lateinamerikanische Slang-Ausdrücke oft nach Spanien und umgekehrt.

Um die Sache nicht zu kompliziert zu machen, haben wir für Spanien nur Wörter und Sätze auf Spanisch (castellano) aufgenommen, nicht solche aus den anderen Regionalsprachen (Katalanisch, Galicisch und Baskisch).

Was du wissen solltest ...

Ein bisschen Spanisch solltest du schon können. Die meisten Ausdrücke kannst du für Jungs und Mädchen benutzen. Du findest ein ♂, wenn ein Wort oder ein Satz nur für Jungs passt, oder ein ♀, wenn du nur Mädchen so ansprechen solltest.

Achte auf ...

Die heißesten Sprüche sind mit einem Ausrufezeichen oder einer Bombe gekennzeichnet. Du kannst also ganz leicht abschätzen, wie „schlimm" ein Wort wirklich ist.

! Vorsicht, hammerharter Spruch!

💣 Nur mit absoluter Vorsicht anwenden! Endbeleidigend oder total daneben.

Du hast es hier mit dem Spanisch zu tun, das man wirklich spricht, deshalb geben wir dir eine möglichst genaue deutsche Übersetzung – damit du weißt, <u>wann</u> ein Ausdruck oder Spruch wirklich angebracht ist und wann voll daneben.

Außerdem wirst du auf diese Zeichen stoßen:

Unzensiert   Echt vulgärer oder anstößiger Slang

Facts   Coole Fakten – kaum zu glauben, aber wahr

Für Insider   Insidertipps

Zu guter Letzt

Sprache ändert sich ständig. Was heute in ist, kann morgen schon out sein. Wenn du in diesem Buch also etwas liest, was absolut von gestern ist, oder wenn du einen coolen Ausdruck kennst, den wir vergessen haben – schreib uns eine Mail an insider@langenscheidt.de.

Dieses Buch trägt nicht umsonst den Aufdruck „Unzensierte Ausgabe"! Die Wörter und Sprüche sind für den Gebrauch vor Eltern, Lehrern, Verwandten und potenziellen Schwiegereltern absolut ungeeignet. Was hier drin steht, ist derb abgefahren. Wenn du so sprechen willst ... dann tu's. Aber: Für alle Zwischenfälle – inklusive Dissen, Schlägereien, Prügel oder Probleme mit Bullen – die aus dem Gebrauch der Ausdrücke aus *Spanisch für Insider* resultieren, übernimmt der Verlag keine Haftung.

DIE BASICS

Grüße und Sprüche – von klassisch bis trendy

Wie du ...
- Hallo ... und Tschüs sagst
- fragst, wie es geht
- auf dich aufmerksam machst

Mach den ersten Schritt

Keine Lust mehr auf „Hola"? Dann versuch's mal mit was Neuem.

¿Cómo andas?
Wie geht's?

¿Qué pasa, tronco/tronca? E
Hey Kumpel, was geht?/Hey Süße, was geht?
Wörtlich bedeutet „tronco" … Baumstamm oder auch Rumpf.

¿Qué pasa, tío/tía? E
Hey Kumpel, was geht?/Hey Süße, was geht?
*„Tío" ist wörtlich der „Onkel", „tía" die „Tante". In der Umgangssprache
werden die Ausdrücke ständig benutzt und haben mit ihrer wörtlichen
Bedeutung absolut nichts mehr zu tun.*

¡Quiubo! AM
Was geht?
Das ist die Kurzform von „¿Qué hubo?"

¡Buenas, gente! E
Hi, Leute!
Die beste Anrede, wenn du dich mit Freunden triffst.

¡Quiay! AM
Wie geht's?/Alles klar?
Das ist die Kurzform für „¿Qué hay?"

¿Entonces qué? AM
Also, was geht?
Flapsige Begrüßung unter Freunden.

¿Qué onda? AM
Was steht an?
Sehr mexikanisch, klingt aber überall cool.

¿Cómo van las cosas?/¿Cómo te va?
Wie geht's, wie steht's?

Unzensiert

Diese regionalen Begrüßungsvarianten können in einigen Ländern ziemlich vulgär klingen. Aber dort, wo sie hingehören, können sie absolut cool sein.

¿Qué pasa, capullo? ❗ E
Wie geht's, du Sack?
Das passt unter Freunden.

Tío, ¡hace mucho que no te vemos! E
Hey Mann, sieht man dich auch mal wieder!

Cabrón, ¡que ya no te vemos por aquí! 💣 E
Hey, du Sack, du lässt dich ja überhaupt nicht mehr blicken!
„Cabrón" heißt wörtlich „Ziegenbock". Als Schimpfwort entspricht es unserem „Scheißkerl", aber unter Freunden kann es einfach nett und anerkennend gemeint sein.

¿Qué fue, cómo está la verga? ❗ AM
Was geht bei dir ab?
Sag es in Venezuela. Der Spruch heißt wörtlich „wie geht's dem Schwanz?"

¿Entonces qué, marica? ❗ AM
Wie geht's, Schwuchtel?
Ein witziger Gruß aus Kolumbien.

¿Qué hacés, boludo? ❗ AM
Was machst du so, du Sack?
Dieser Spruch ist für Argentinier an der Tagesordnung.

¡Quiubo, huevón! ❗ AM
Was geht, du Sack?
Die richtige Variante für Chile.

Für Insider

In Spanien geben sich Jungs die Hand, wenn sie sich treffen, oder sie packen den Daumen des anderen mit der Hand. In Lateinamerika begrüßen sich Kerle eher mit den Fäusten. Sie stoßen sie kurz aneinander. Manchmal reicht auch einfach ein Blick oder ein freundliches Nicken. Ein oder zwei Küsschen auf die Wange sind unter Mädchen angesagt oder zwischen Mädchen und Jungs. Jungs untereinander küssen sich nur in Argentinien und Chile.

Wie geht's?

Am besten kommst du ins Gespräch, wenn du erst mal checkst, wie es geht. So kannst du fragen … und antworten:

– **¿Todo bien?** Alles klar?
– **Ajá.** Sowieso.

– **¿En qué andas? No se te ve el pelo.** E
  Was treibst du so? Dich sieht man ja überhaupt
  nicht mehr!
– **Pues como siempre.** Alles beim Alten.

– **¿Qué es de tu vida?** Wie sieht's aus bei dir?
– **Todo bien.** Alles im grünen Bereich.

Facts

In Spanien nimmt man es mit der Pünktlichkeit nicht so genau. Wenn du in einer Bar mit Freunden verabredet bist, wirst du dich vielleicht wundern, weil deine Leute mit 10, 20 oder sogar 30 Minuten Verspätung aufkreuzen. In Spanien nimmt das keiner übel. Es wäre absolut uncool, sich über Verspätungen zu beschweren. Bei einem Geschäftstermin oder einem Blind-Date solltest du aber schon versuchen, einigermaßen pünktlich zu sein.

Hey, du!

Wie nennt man seine Kumpels auf Spanisch? Hier findest du die besten Beispiele:

¡Eh, tío! ♂ /**¡Eh, tía!** ♀ E
Hey, Kumpel!/Hey, Süße!
Die absolut wichtigsten Wörter der spanischen Umgangssprache.

¡Compadre! ♂ /**¡Comadre!** ♀ AM
Hi, Kumpel!/Hi, Mädel!
Wörtl.: Gevatter/Pate/Patin. Das klingt auf Spanisch so, als gehörten dein Kumpel oder deine Freundin schon fast zur Family.

¡Oye, colega AM, E/**tronco** E/**chaval!** E
Hey, Kumpel/Kollege!

¡Oiga, hermano! AM
Hi, Kumpel! (Wörtl.: Hör mal, Bruder!)

Ciao, ciao!

Und wenn der Abschied naht, dann zeig mit diesen Sprüchen, was Sache ist.

Chao.
Ciao.
Der Standard, aber immer noch cool zum Abschied.

Hasta luego.
Bis dann!
Ein absoluter Klassiker.

Hasta otra. E
Bis zum nächsten Mal!
Wenn du nicht besonders scharf drauf bist, den oder die andere bald wiederzusehen, dann verwende diesen Spruch.

Me piro.
Ich bin weg!
Bring's auf den Punkt.

Me abro.
Ich hau ab!
Absolut umgangssprachlich.

Nos vemos otro día.
Man sieht sich!
Ohne jegliche Verpflichtung.

Estamos en contacto.
Wir bleiben in Kontakt!
Nimm's lieber nicht zu wörtlich. Du kannst dich melden ... oder auch
nicht. Allerdings macht es dein Gegenüber ganz genauso.

Ahí nos vemos. AM
Wir sehen uns!
Der nette Abschiedsspruch.

Mach 'nen coolen Abgang.

– **Bueno, me piro.** Also, ich bin dann weg.
– **Okay, ahí nos vemos.** AM/**Vale, tronco. Nos**
llamamos. E O.k. Wir sehen uns!/O.k., Mann.
Wir telefonieren.

Me najo.
Ich verschwinde!

¡Pégame un toque!
Ruf mich an!

Vom VERLIEBEN zum ENTLIEBEN

Du willst jemanden anmachen oder abblitzen lassen?
Hier findest du die Sprüche, mit denen es garantiert klappt.

- Wie du jemanden ansprichst
- Baggern und flirten wie ein Profi
- Übelste Abfuhren
- Aus und vorbei – so sagst du es

Coole Anmachen

Lass dir nicht den Flirt deines Lebens entgehen, nur weil dir auf Spanisch die Worte fehlen. Wenn du diese Sprüche draufhast, kriegst du jeden oder jede rum.

¿Has venido antes por aquí?
Bist du schon mal hier gewesen?

¿Estás solo/sola?
Bist du allein hier?
Der Klassiker – aber wer weiß, vielleicht klappt's ja.

¿Quieres tomar algo?
Willst du was trinken?
Sag's wie ein echter Gentleman.

¿Bailamos?
Hast du Lust zu tanzen?
Vielleicht der Beginn einer wunderbaren Beziehung ...

Für Insider

Typische Anmachen von Jungs für Jungs – ein bisschen platt, aber die Lacher sind auf deiner Seite. Und vielleicht auch das betreffende Girl!

¿Cómo es que estás tan sola?
Warum so allein?
Nicht gerade der endgeile Spruch, aber versuchen kannst du's ja.

¿Qué tal, guapetona? E
Hey Süße, wie geht's?

¿Quiubo, mamita? AM
Wie geht's, Kleine?

Ins Gespräch kommen ...

– **¿Quieres tomar algo?** Willst du was trinken?
– **Bueno, gracias.** Ja, danke.
oder
– **No, gracias.** Nein, danke.

Hey Baby!

Du findest ein Girl oder einen Boy attraktiv? Dann sag es.

Ese tío está muy bueno./Ese tío está buenísimo. E
Wow, der Typ sieht super/klasse/geil aus.

Ese tipo es un papito/papacito. AM
Wow, der Kerl ist scharf. (wörtl.: ein Papi)

Esa pava ... E	Wow, diese Tussi ist ...
está tremenda.	geil/klasse/super.
está como un tren. E	geil/klasse/super.
tiene un cuerpazo impresionante.	hat eine super Figur.

Esa chica es ...	Dieses Mädchen ist ...
una mamita/mamacita. AM	endheiß. (wörtl.: eine Mami)
una hembra* !/hembrota. ! AM	total scharf.

Él es atractivo.	Er sieht gut aus.
Él me gusta. AM, E/**Él me mola.** E	Er gefällt mir./Ich steh auf ihn.
Ella es muy guapa.	Sie sieht toll/geil aus.
Es un tipo muy caliente.	Er ist ein scharfer Typ.
Tiene buena pinta.	Er/Sie sieht verdammt gut aus.
Tiene un buen culo. 💧 in AM	Er/Sie hat einen geilen Arsch.

---

* Kerle unter sich sprechen von einem Girl schon mal als „una hembra". Mach das lieber nicht, wenn das betreffende Mädchen dabei ist, denn „una hembra" ist ein „Weibchen".

Das kannst du zu ihm sagen ...

Eres ...	Du bist ...
un tío muy majo/guay. E	ein super/klasse Typ.
simpático.	total nett.
muy agradable.	total nett/echt korrekt.

Das kannst du zu ihr sagen ...

Eres ...	Du bist ...
una tía guay. E	total nett/'ne ganz Nette.
una tía de puta madre. 🔴 E	supernett.
	„De puta madre", wörtlich „von einer Hurenmutter", klingt ziemlich abgefahren, ist in Spanien aber als Kompliment zu verstehen.
linda. AM	hübsch.
muy guapa.	total hübsch/süß.
muy atractiva.	echt attraktiv.

Übelste Abfuhren

Du willst jemanden abblitzen lassen wie ein Profi, und das auf Spanisch? Spanier und Latinos können das ziemlich gut, manche nennen sich sogar „lenguas venenosas", Giftzungen. Ob du es auf die harte oder die herzliche Tour bringen willst – such dir den passenden Spruch aus.

No, gracias. Estoy cansado/cansada.
Nein danke. Ich bin müde.
Das klingt langweilig, erfüllt aber seinen Zweck.

Estoy esperando a alguien.
Ich warte auf jemanden.
Aber nicht auf dich!

Tío/Tía, me agobias mogollón. ¡Pírate! E
Hey Mann/Hey Alde, du gehst mir auf den Sack! Verpiss dich!
Nicht gerade nett, aber glasklar.

¡Me aburres, tronco/tronca! E
Hey Alder/Alde, du langweilst mich!
Perfekt für den Fall, dass er oder sie dir stundenlang Sachen erzählt, die dich total annerven.

¡No me canses! E/**¡No canse!** *
Nerv mich nicht!/Nerven Sie nicht!
Absolut eindeutig!

¡No me molestes! E/**¡No moleste!** *
Nerv mich nicht!/Nerven Sie mich nicht!

No, ¿qué te pasa? E/**No, ¿qué le pasa?** *
Hey, spinnst du?/Geht's noch?
Hier führt kein Weg zueinander.

¡Déjame en paz! E/**¡Déjeme en paz!** *
Zisch ab!/Lassen Sie mich in Ruhe!
Zisch es raus wie einen Befehl!

¡Lárgate! E/**¡Lárguese!** *
Hau ab!/Zieh Leine!/Ziehen Sie Leine!
Nicht sehr nett, aber glasklar.

¡Vete a tomar por culo, tío/tía! 💣 E
Du kannst mich mal!/Leck mich!
Für all die, die's immer noch nicht kapiert haben.

¡Písese! KOLUMBIEN
Verpiss dich!
Übelst gemein, aber wenn's sein muss …

---

* In Spanien wird auch geduzt, in Lateinamerika verwendet man die Anrede mit „Sie", die wir mit dem Sternchen kennzeichnen.

Los, sprich sie an ...

- **¡Tía buena!** E Wow, du siehst echt gut aus!
- **¡Piérdete!** E Lass mich in Ruhe!

- **¡Eres una mamacita!** AM Hey, du bist scharf!
- **¡Déjeme en paz!** AM Verpiss dich!

Richtig ablästern

Absolut kein Interesse? Dann versuch's mal damit:

¿Viste qué ... es?	Guck mal, der ist ...
feo AM, E/**feísimo** E	hässlich/abartig hässlich.
superhorrible	echt übel/ein Gesichtsbunker.
asqueroso	abstoßend/zum Kotzen.
Ella es ...	Sie sieht ...
realmente horrible.	ja echt grausam aus.
un asco de tía. E	echt ätzend aus.
una piba feísima. E	Sie ist ein Abtörner.
una chica poco agraciada.	Sie ist nicht gerade attraktiv.
un cuero. AM	Sie ist echt zum Davonlaufen.

Facts

Eine Frau wie „ein Stück Leder" ist normalerweise zum Davonlaufen.
In Peru dagegen ist „un cuero" eine Dorfmatratze, die leicht zu haben
ist. Und Bolivianer, Chilenen, Mexikaner und Peruaner stehen auf sie,
denn in diesen Ländern ist „un cuero" ein total scharfes Girl.

Schweine und Schlampen

Was du Schlechtes über ihn oder sie sagen kannst:

Es un ...	Er ist ein ...
cabrón. 💣	Arsch/Scheißkerl.
hijo de puta. 💣	Hurensohn/Bastard.
sinvergüenza. ❗	Arschloch/Drecksack.
perro. 💣	(untreuer) Dreckskerl. (wörtl.: ein Hund)

Ella le está poniendo los cuernos.
Sie betrügt ihn. (Wörtl.: Sie setzt ihm Hörner auf.)

Él se la pega./Él se la da con otra.
Er verarscht/betrügt sie.

Aus und vorbei

Wie reden die anderen darüber?

Ella ...	Sie ...
cortó con él.	hat ihm den Laufpass gegeben.
rompió con él.	hat mit ihm Schluss gemacht.
lo dejó. E	hat ihn sitzen lassen.
lo mandó a tomar por culo. 💣 E	hat ihn abgeschossen/versenkt. (Wörtl.: Sie hat ihn zum Arschficken-lassen geschickt.)
lo mandó a tomar viento fresco. E	hat ihn abgeschossen. (Wörtl.: Sie hat ihn zum frische Luft Schnappen geschickt.)
lo mandó pa'l carajo. ❗ AM	hat in abserviert. (Wörtl.: Sie hat ihn zum Teufel gejagt.)

Ella …	Sie …
lo mandó a freír espárragos.	hat ihn abgeschossen. (Wörtl.: Sie hat ihn zum Spargelbraten geschickt.)
lo terminó. AM	hat Schluss gemacht.
lo echó. AM	hat ihn rausgeworfen.

Schluss machen

Entliebt? Wie du es ihm oder ihr auf Spanisch beibringst …

Seamos sólo amigos.
Wir bleiben Freunde.
Ja, alles klar.

Démonos un tiempo.
Wir sollten eine Pause machen.
Der Spruch für Feiglinge – jeder weiß, dass damit alles vorbei ist.

Mejor vamos a dejarlo y a ver qué pasa.
Lassen wir's lieber.
Ups, das klingt nach Trennung.

Ya no quiero seguir contigo.
Ich will nicht mehr mit dir zusammen sein.
Glasklar und krass auf den Punkt gebracht!

Esto se acabó.
Es ist aus.

Esto no va.
Das hier funktioniert nicht.

Quiero cortar.
Ich will Schluss machen.

Está claro que no congeniamos.
Wir vertragen uns einfach nicht.

3 LIEBE und SEX

Hablemos de sexo – die wichtigsten Vokabeln zum Thema Lust und Leidenschaft.

- Romantische Momente – von Knutschen bis Poppen
- 1000 Arten, von der schönsten Nebensache der Welt zu erzählen
- Die Gerüchteküche: Wer hat „es" mit wem gemacht?
- Sexuell übertragbare Krankheiten

Kribbeln im Bauch?

So staunen auch deine spanischsprachigen Freunde über das letzte prickelnde Liebesabenteuer ...

Ein bisschen Spaß muss sein

Salimos a ligar. E
Wir gehen Mädels/Jungs aufreißen.
„Ligar" (flirten) ist in Spanien das Wort für alles, was mit baggern zu tun hat.

Nos enrollamos/liamos. E
Wir machen miteinander rum.
Das kann von Küsschen bis Fummeln gehen und ist besonders bei Teenies ein In-Wort.

Nos dimos un morreo. E
Wir haben rumgeknutscht.

Sólo estamos tonteando.
Wir flirten nur miteinander.
Der passende Spruch, wenn du gerade am Erobern bist.

Sólo estamos vacilando. AM
Es ist nichts Ernstes zwischen uns./Wir haben nur unseren Spaß.
Völlig unverbindlich ...

Él fue un rollete de verano./Él fue un rollo de verano. E
Er war ein Urlaubsflirt.
Das Beste am Urlaub ...

Tenemos un cuento. AM
Wir daten uns./Wir treffen uns.
Wörtl.: Wir haben eine Geschichte. Das heißt, Dates mit anderen Kandidaten sind nicht ausgeschlossen.

Son amigos con derecho a roce. E
Sie haben eine „erweiterte" Freundschaft./
Sie sind Freunde, die auch mal was miteinander haben.
*Wörtl.: Sie sind Freunde mit Lizenz zum Anfassen. Das kann von
Fummeln bis Sex reichen. Aber völlig unverbindlich …*

Somos amigovios. AM
Wir sind Freunde und zugleich ein Paar.
(Wörtl.: Wir sind ein Freunde-Paar.)
*Eine Mischung aus „amigo" und „novio". „Un amigo" ist im Spanischen
ein Freund, der „novio" ist dagegen der feste Freund. „Amigovios" wird
unter Teenies in Lateinamerika benutzt, wenn das Verhältnis zu einem
Boy oder Girl nicht so ganz klar ist.*

Jetzt wird's ernst

Estamos saliendo juntos. E
Wir sind zusammen.
Sag es ruhig allen!

Es mi novio/novia.
Er ist mein Freund./Sie ist meine Freundin.

Es mi chico/chica. E
Er ist mein Freund./Sie ist mein Mädchen.
*„Chico/chica" (Junge/Mädchen) klingt cooler als „novio/novia", bedeutet
aber das Gleiche.*

Alex debe tener una amiguita.
Alex scheint eine Freundin zu haben.
*„Amiguita" sagst du vor allem, wenn du die neue Flamme deines
Kumpels selbst noch nicht kennst.*

Nuria tiene algún noviete por ahí. E
Nuria hat irgendwo 'nen Freund.
*„Noviete" kommt von „novio". Benutz es, wenn du mit jemandem zusam-
men bist, aber das Ganze noch nicht so richtig ernst ist.*

Facts

In Lateinamerika haben Teenies und Twens keinen Sex mit ihrem „novio" oder ihrer „novia", zumindest ist das ein ungeschriebenes Gesetz, das im Eifer des Gefechts dann doch mal gebrochen wird. In Spanien gilt die alte Regel „kein Sex vor der Ehe" längst nicht mehr. Man hat Sex, aber man redet nicht zu viel darüber.

Und schließlich ... Sex

Nos acostamos.
Wir gehen miteinander ins Bett.

Hicimos el amor.
Wir haben miteinander geschlafen.

Echamos un polvo/kiki. ❗ E
Wir haben gepoppt./Wir hatten einen Quickie.

Es geht heiß her
Der Spaß hat keine Grenzen – von kalten Küsschen bis zu heißem Sex.

Bésame.
Küss mich.

Dame un beso.
Gib mir einen Kuss.

Dame un pico.
Gib mir ein Küsschen. (Wörtl.: Gib mir einen Schnabel.)

¡Me pones a cien! E
Du machst mich total an!

Estoy arrecha, cariño. AM
Ich bin total geil/spitz, Baby.

Hazme el amor.
Mach's mir.

Ein bisschen turteln

Hier findest du Kosenamen, die du an deiner neuen Flamme testen kannst:

Dame un beso, ...	Gib mir einen Kuss, ...
cariño.	Schatz.
mi vida.	Süße. (wörtl.: mein Leben)
mi amor.	Liebling. (wörtl.: meine Liebe)
mi cielo.	mein Stern. (wörtl.: mein Himmel)
tesoro.	Schatzi.
corazón.	Schätzchen. (wörtl.: Herz)
mami. ♀ AM	Baby. (wörtl.: Mami)
papi. ♂ AM	Baby. (wörtl.: Papi)
gorda. ♀ AM	Dicke.
gordo. ♂ AM	Dicker.
	Total in, auch bei superschlanken Lovern.

Unzensiert

„Hacer el amor" klingt ja ganz süß, aber manchmal darf's auch ein bisschen ordinärer sein.

¡Les encanta ...!   Sie ficken/poppen/bumsen gern.
echar un polvo/polvete ❗
Wird in Spanien benutzt. Kann auch „Quickie" heißen.

follar 🔴
Wird nur in Spanien verwendet.

Unzensiert

joder 💧
Das sagt man in Spanien. Aber denk dabei nicht nur an Sex:
„Joder" kann – in Spanien und anderswo – auch ganz einfach
„nerven" oder „beleidigen" heißen.

chingar 💧
Das ist das typisch mexikanische Wort. In anderen Ländern heißt
„chingar" nur „scherzen" oder „sich betrinken" oder „einem Tier den
Schwanz abschneiden".

coger 💧
Das benutzt man v.a. in Argentinien und einigen anderen
Ländern Lateinamerikas. In Spanien dagegen heißt „coger" nur
„nehmen, halten".

comer 💧
Wird in Chile, Kolumbien, Ecuador, Peru und Venezuela verwendet.
In harmloserem Zusammenhang heißt „comer" ganz einfach
„essen" und wird überall benutzt.

culear 💧
Das stammt aus Kolumbien und heißt wörtlich „mit dem Hintern
wackeln".

Él se la ha tirado. 💧
Er hat sie gefickt.
Das kannst du in Spanien hören. „Tirar" bedeutet auch weg-
werfen.

Vorsicht! Wie du siehst, haben die meisten Wörter hier eigentlich
eine ganz „harmlose" Bedeutung und werden nur in bestimmten
Regionen für „ficken" benutzt. Mit „me gusta comer" kann dir in
Spanien nichts passieren, aber bevor du's in Chile sagst … solltest
du diese Seite noch mal genau lesen!.

Wie sag ich's meinen Freunden

Tausend Wörter, um von der schönsten Nebensache der Welt zu erzählen:

Tuvimos sexo.
Wir hatten Sex.
Deutlich, aber ziemlich kalt.

Amanecimos juntos.
Wir haben den Tag zusammen begonnen.
Wie romantisch!

Pasamos la noche.
Wir haben die Nacht zusammen verbracht.
Sehr dezent und subtil. Aber wir wissen trotzdem, was ihr getan habt!

Dormimos juntos.
Wir haben bei-/miteinander geschlafen.
Hmm, ein bisschen zweideutig …

Lo hicimos.
Wir haben's gemacht.

Pasó lo que sabemos.
„Es" ist passiert.
Alles klar!

Pasó lo que tenía que pasar.
Es kam, was kommen musste.
Schicksal, Schicksal!

Se puso cariñoso.
Er ist zärtlich geworden.
Und was war dann …? Der Spruch für Verklemmte.

Von der Jungfrau zur Schlampe

So nimmst du kein Blatt vor den Mund:

Ella es ...	Sie ist ...
virgen.	Jungfrau.
una cortada E/ una tímida.	schüchtern.
una chica formal/ una estrecha. E	eine ganz Brave/Anständige. *Bei „chica formal" ist der Kommentar eher positiv gemeint, „estrecha" ist negativ, im Sinne von langweilig.*
una chica abierta. E	sehr offen *Auch in Bezug auf Männer …*
una coqueta.	echt flirtig.
una ligona. E	echt flirtig.
una mosquita muerta. ! AM	eine Schlampe. (wörtl.: eine tote Fliege) *In Spanien dagegen ist eine „mosquita muerta" eine, die nicht so brav ist, wie sie aussieht.*
una calientapollas. 💣 E	ein Faker (nach dem Motto „Ankochen und stehen lassen").
una zorra. 💣	eine Schlampe. (wörtl.: eine Füchsin)
una puta. 💣	eine Hure/Nutte.
Él es ...	Er ist ...
un buen chaval. E	ein ganz Netter.
un caballero.	ein echter Gentleman.
un mujeriego.	ein Aufreißer/Frauenheld.
un perro. !	ein Aufreißertyp. (wörtl.: ein Hund)
un cabrón. 💣 E	ein Scheißkerl/Hurenbock.

Ist hier jemand eifersüchtig?

- **Me mola esa tía.** E Ich steh auf das Mädel.
- **Bah, pues tampoco es para echar cohetes, tronco.** E Na ja, die haut mich nicht gerade um.
- **¡Qué dices! Si está buenísima.** Geht's noch? Die sieht doch geil aus!

Kleine Schweinereien
Von sexy bis pervers – Lust auf ein Abenteuer?

Compré ropa interior erótica.
Ich hab mir erotische Dessous gekauft.

Nos encanta ver películas porno.
Wir gucken gerne Pornos.

Le gustan los tríos.
Er/Sie steht auf flotte Dreier.

Le van las orgías. ! E
Er/Sie steht auf Orgien.

Le hizo una paja. ♂ ! E
Sie hat ihm einen runtergeholt.

Se la chupó. !
Sie hat ihm einen geblasen

Le hizo un dedo. ♀ ! E
Er hat es ihr mit dem Finger gemacht.

Safer Sex

Vorsicht! Wenn du die anderen Wörter aus diesem Kapitel benutzen willst, solltest du besser auch diese kennen …

¿Tienes …?	Hast du …?
condones	Kondome/Gummis
preservativos	Präservative/Gummis

In Spanien benutzt man „preservativos" oder „condones". Die folgenden Wörter, die bei Latinos in sind, würden auch Spanier verstehen, sie verwenden sie selbst aber nicht.

¿Tienes …?

forros AM (wörtl.: Überzieher)
capuchas AM (wörtl.: Kapuzen)
impermeables AM (wörtl.: Regenmäntel)
mangas AM (wörtl.: Ärmel)

} Hast du <u>Kondome</u>?

¿Tomas la píldora?
Nimmst du die Pille?

Uso DIU.
Ich hab eine Spirale.

¿Usamos espuma?
Sollen wir Schaum nehmen?

Espera, me pongo el diafragma.
Warte, ich leg mein Diaphragma ein.

Ist er auch im Bett ein anständiger Kerl?

- **¿Tomas la píldora?** Nimmst du die Pille?
- **¡No! Es mejor que te pongas un condón.**
  Nein! Benutz lieber ein Kondom.

Falls etwas passiert ...

Necesitamos la píldora del día después.
Wir brauchen die Pille danach.

Se quedó embarazada. E/**Quedó embarazada.** AM
Sie ist schwanger.

Tiene que hacerse pruebas de paternidad.
Er muss einen Vaterschaftstest machen.

El bebé fue un accidente.
Das Baby war ein Unfall.

Sexuell übertragbare Krankheiten

Ups. Mach dich lieber vorher kundig, wer was hat!

Lo/La infectaron.
Er/Sie ist angesteckt worden.

Le pegaron una trepadora. ! AM
Er/Sie hat eine Geschlechtskrankheit. (wörtl.: eine Kletterpflanze)

Se contagió del sida.
Er/Sie hat sich mit Aids angesteckt.

¿Te pringaron? ! AM
Haben sie dich angesteckt? (wörtl.: eingefettet)

¡Esa mujer es una venérea! AM
Diese Tussi ist eine Drecksschlampe/hat alle möglichen Geschlechtskrankheiten!

¿Te has hecho pruebas de enfermedades de transmisión sexual? E
Hast du dich auf sexuell übertragbare Krankheiten testen lassen?

¿Te has hecho pruebas de venéreas? AM
Hast du dich auf Geschlechtskrankheiten testen lassen?

¿Te has hecho las pruebas del sida?
Hast du einen Aids-Test gemacht?

Él/Ella tiene ...	Er/Sie hat ...
una enfermedad venérea.	eine Geschlechtskrankheit.
gonorrea.	Gonorrhö/einen Tripper.
herpes.	Herpes genitalis.
sida.	Aids.
sífilis.	Syphilis.

Vergiss nicht zu fragen ...

- **¿Te has hecho la prueba del sida?**
  Hast du einen Aids-Test gemacht?
- **Sí. Estoy sano.** Klar. Ich bin sauber.

Für Insider

In spanischen Familien geht es oft in Bezug auf Sex ein bisschen traditionell zu. Viele Eltern sind nicht gerade begeistert, wenn die Freundin ihres Sohnes zu Besuch ist oder gar der Freund ihrer Tochter – zumindest solange die Beziehung nicht „offiziell" ist. Deswegen haben viele Paare an ungemütlichen Orten wie in Autos oder Parks Sex.
Obwohl man bei Latinos sofort an „amor" und Leidenschaft denkt, ist die Jungfräulichkeit in den meisten Ländern Lateinamerikas noch ziemlich heilig. Es wird absolut erwartet, dass Frauen noch Jungfrau sind, wenn sie heiraten. Heute haben jedoch immer mehr junge Leute lange vor der Ehe Sex.

DIE SCHWULEN-
UND LESBENSZENE

Du willst auch in der alternativen Szene Spaß haben?
Hier findest du ihn.

- Szeneausdrücke für Lesben und Schwule
- Ein bisschen bi schadet nie.

Die Homoszene

Auch im Spanischen gibt es 'ne Menge Wörter für den alternativen Lebensstil.

Szenekneipen …

Estuvimos en un bar „de ambiente".
Wir waren in einer Gaykneipe. (wörtl.: in einer Kneipe mit Ambiente)

Es un pub con cuarto oscuro. E
Es ist eine (Gay-)Bar mit Darkroom.
Im Dunkeln fummelt sich's eben besser …

und Szenegänger …

Juan llegó con su gatito.
Juan Carlos ist mit seinem (jüngeren) Freund gekommen.
(Wörtl.: Juan Carlos ist mit seinem Kätzchen gekommen.)

Alberto está casado.
Alberto hat einen festen Freund/Lebensgefährten.
(Wörtl.: Alberto ist verheiratet.)

Pedro es una loca.
Pedro ist eine Tunte/Ziertucke. (Wörtl.: Pedro ist eine Verrückte.)

El novio de Andrés tiene mucha pluma. E
Der Freund von Andrés ist eine Tunte/Ziertucke.
(Wörtl.: Der Freund von Andrés hat viele Federn.)

Julián nos presentó a su novio E**/hembrito.** AM
Julián hat uns seinen Freund vorgestellt.
„Hembrito" kommt von „hembra" (Weibchen).

Dicen que es todo un camajo. AM
Er ist angeblich ein super Lover.
Aber nur die Männer haben was davon …

Me lo hice con una bigotuda fantástica. E
Ich hab's mit einem geilen (schwulen) Schnurrbart getrieben.
„Bigotuda fantástica" heißt wörtlich „geile Schnurrbärtige", ist also eigentlich eine Frau mit Damenbart.

Andrés salió del armario E/**clóset.** AM
Andrés hat sich geoutet.

Ist er schwul?

Egal ob du selbst schwul bist oder schwule Freunde hast, hier sind die Ausdrücke, die du brauchst, um über Homosexualität zu sprechen.

Es ...	Er ist ...
homosexual.	schwul/homosexuell.
gay.	gay.
de la otra acera.	vom anderen Ufer.
un julas/julandrón. ❗ E	ein Schwucko/'ne Schwuchtel.
un mariquita/marica ❗/ **maricón.** 💣	ein Schwucko/'ne Schwuchtel. (wörtl.: ein Marienkäfer) *In Kolumbien nennen Jungs und Mädels ihre guten Freunde (auch Hetes) so, ohne dass es beleidigend rüberkommen soll.*
roscón. AM	schwul. (wörtl.: ein Donut)
volteado. AM	vom anderen Ufer. (wörtl.: umgedreht)

Facts

Seit dem 30. Juni 2005 ist in Spanien die Ehe für gleichgeschlechtliche Paare erlaubt. Homosexuelle dürfen dadurch nicht nur heiraten, sondern auch Kinder adoptieren und haben z. B. beim Erben gleiche Rechte wie andere Paare. Die Spanier sind zu diesem Thema geteilter Meinung. Nur etwas mehr als die Hälfte findet das Gesetz gut. Nichtsdestotrotz gewinnen Homosexuelle in allen Lebensbereichen immer mehr Einfluss und haben sich dank ihrer hohen Kaufkraft zu einer wichtigen Zielgruppe am Markt entwickelt.

Ist sie Lesbe?

Es ...   Sie ist ...

lesbiana.

bollera. E (wörtl.: eine Krapfenbäckerin)

marimacho. (wörtl.: ein Mannweib)

maricona. 🩸

arepera. ❗ KOLUMBIEN   lesbisch/
(wörtl.: eine Maiskuchenbäckerin)   eine Lesbe.

tortillera. ❗ E/MEXIKO
(wörtl.: eine Tortillabäckerin)

cachapera. ❗ VENEZUELA
(wörtl.: eine Fladenbäckerin)

*Diese Wörter kannst du unter engen Freunaen hören oder auch
benutzen. In der falschen Umgebung können sie aber total abwertend
und beleidigend rüberkommen.*

Ist er oder sie bi?

Es bisexual.
Er/Sie ist bi.

A ella le va la carne y el pescado.
Sie steht auf Männer und auf Frauen. (Wörtl. Sie mag Fleisch und Fisch.)

Le van los tíos y las tías.
Er/Sie steht auf Typen und auf Frauen.

SPORT und SPIEL

Ob im Stadion oder im Fitnessstudio, auf dem Spielfeld oder an der Playstation – wer mitjubeln und -fluchen will, muss das richtige Vokabular draufhaben.

- Feure dein Team an und heiz dem Gegner ein
- Red über Fußball
- Schwitz dich in Form – im Fitnessstudio
- Punkte beim Videospiel
- Mach mit beim Klatsch übers Glücksspiel

Schlachtrufe

Du bist ein echter Fan – „hincha" oder „aficioncdo"? So feuerst du deine Lieblingsmannschaft an.

¡Echadles cojones!/¡Echadles huevos! 💣 E
Macht sie alle!

¡A por ellos! E
Jetzt geht's los! (Wörtl.: Auf sie!)
Brüll's, wenn deine Mannschaft mitten im Spiel plötzlich wieder aufwacht und das Spiel in die Hand nimmt.

¡A ganar!
Sieg!
Schrei es möglichst laut und reiß dazu beide Arme hoch.

¡Arriba ese ánimo!
Auf geht's!/Aufwachen!
Wenn deine Jungs ein bisschen Aufmunterung brauchen können …

¡Todavía se puede!
Es geht noch!
Zeig deiner Mannschaft, dass du immer hinter ihr stehst.

¡Estamos vivos!
Wir sind noch da! (Wörtl.: Wir leben noch!)
Ist deine Mannschaft gerade am Abloosen? Versuch's damit.

¡Duro con ellos!
Keine Gnade!/Macht sie alle! (Wörtl.: Seid hart zu ihnen!)

¡Métasela duro! AM
Gebt's ihnen!
Der Gegner muss leiden!

¡Metedles una goleada! E/**¡Goleadles!** E/**¡Goléenlos!** AM
Macht sie ihnen rein!/Haut ihnen die Tore rein!

¡Hágale! AM
Los!

¡Dale! E/**¡Dele!** AM
Auf geht's!

¡Vamos!
Los geht's!

¡Gol!
Tor!

Lobeshymnen

So feierst du dein Team bei einem Superspiel, einem endgeilen Trick oder einem genialen Torschuss.

¡Menuda jugada! E
Geiles Spiel!

¡Qué peazo/pedazo (de) jugadón! E
Super Spiel!

¡Qué jugada tan ...!	Das war ein ... Spiel!
macanuda ARGENTINIEN	geniales
sobrada KOLUMBIEN	supertolles

¡Qué golazo!
Genialer Schuss!

¡Qué partidazo!
Geniales Spiel!

¡Menudo regate! E
Sensationelles Dribbling!

¡García se sobró!
García hat sich selbst übertroffen!

¡Sánchez se meó a toda la defensa del Bilbao! E
Sánchez hat die ganze Abwehr von Bilbao verarscht! (Wörtl.: Sánchez hat auf die Abwehr von Bilbao gepisst.)

Los dominaron todo el partido.
Sie haben das ganze Spiel beherrscht.

Beleidigungen

Ein Zuschauer hat viele Aufgaben: den Schiri dissen, den Gegner aus dem Konzept bringen und die eigene Mannschaft anfeuern.

¡Idiota!
Idiot!

¡Casero! E
Schiebung! (wörtl.: von zu Hause)
So beschimpft man einen klassischen Heimschiri.

¡Vendido!/¡Comprado!
Der ist doch gekauft!

¡Pítele! AM
Foul! (Wörtl.: Pfeif ihn aus!)

¡Tarjeta!
Gelbe Karte!

¡Expulsión! E/**¡Sáquelo!** AM
Raus die Sau!/Auf Wiedersehn!

¡Penalti claro!
Klarer Elfer!

¡Se ha tirado (a la piscina)!/¡Se ha dejado caer! E
Schwalbe! (Wörtl.: Er ist (ins Schwimmbad) gesprungen!/Er hat sich fallen lassen!)

Unzensiert

Ein Fußballspiel ist – besonders in Spanien – die beste Gelegenheit, dein
schmutziges Vokabular auszupacken. Aber benutz es besser nur im Stadion!

¡Árbitro, cabrón/hijo (de) puta! 💣
Schiri, du bist ein Arschloch/Hurensohn!

¡Me cago en su/tu (puta) madre! 💣 E
Ich scheiß auf seine/deine (Huren-)Mutter!

¡Ve E/Vaya AM por la puta bola! 💣
Hol dir den Scheißball!

¡Hijo de puta! 💣
Hurensohn!

¡Coño de tu madre! 💣 AM
Die Fotze deiner Mutter!

¡Cabrones! 💣
Arschlöcher!

¡Chinga tu madre! 💣 MEXIKO
Fick deine Mutter!

Für Insider

Fußball ist in Spanien der mit Abstand beliebteste Sport. In der auflagenstärksten Zeitung stehen die Fußball-Nachrichten an zentraler Stelle, in den Radiosendern gibt es abends und spätnachts ganze Programme, in denen es vor allem um Fußball geht. Auch in den Fernsehnachrichten wird er ein immer wichtigeres Thema. In den Bars ist Fußball der Gesprächsstoff Nummer eins, vor allem nach einem wichtigen Spiel. Es heißt, in Spanien gibt es 45 Millionen Trainer – genau so viele, wie das Land Einwohner hat. Alle reden über Fußball – auch immer mehr Frauen.

Noch mehr Beleidigungen

Brüll sie deiner Mannschaft oder dem Gegner zu ...

¡Menuda panda de maricones! ❗ E
Solche Weicheier!
Wenn die Mannschaft kraft- und saftlos abloost.

¡Han salido acojonados al campo! ❗ E
Die sind schon mit vollen Hosen auf den Platz gekommen!
Wenn die Mannschaft nicht den richtigen Biss zeigt ...

¡Han metido el autobús y de ahí no salen! E
Die mauern die ganze Zeit! (Wörtl.: Sie haben den Bus aufgestellt, und
da kommen sie nicht raus.)
*„Meter el autobus" (den Bus aufstellen) sagt man, wenn eine
Mannschaft nur hinten drin steht.*

¡Están encerrados (atrás) todo el partido!
Sie mauern die ganze Zeit! (Wörtl.: Sie sind das ganze Spiel über hinten
eingesperrt.)
Da geht nichts ...

¡Menudo coñazo de partido! E
So ein Schnarch-Spiel!/Das Spiel ist 'n Langweiler!
Passt, wenn das Spiel superlangweilig ist.

¡Pónganse las pilas! AM
Schaltet mal den Turbo zu! (Wörtl.: Legt die Batterien ein!)

¡Bruto! ❗
Bestie!/Brutale Sau!

¡Animal! ❗
Brutale Sau! (Wörtl.: Tier!)
Schrei's, wenn ein Spieler besonders gemein reinhackt.

¡Imbéciles!
¡Chingaos! MEXIKO ⎫ Volltrottel!

¡Mucha señorita!
Weichei! (Wörtl.: So ein Fräulein!)
Hey! Girls können auch Fußball spielen!

¡Chimbo! VENEZUELA, KOLUMBIEN ⎫
¡Chafa! MEXIKO ⎭ Billig!

¡Huevón! ❗
¡Boludo! ❗ ARGENTINIEN ⎭ Los, sei ein Mann!

Facts

Rowdytum ist unter Latinos und Spaniern nicht verbreitet. Man ist mit Leidenschaft bei der Sache, es gibt aber selten Ausschreitungen im Stadion. Einige nehmen allerdings ihre Fußballbegeisterung so ernst, dass Reibereien zwischen Fans gegnerischer Mannschaften zu einer persönlichen Angelegenheit werden können. Aus Scherzen werden dann Beleidigungen, und Freundschaften können wegen gemeiner Kommentare zu Bruch gehen. Über große Siege und Tore – „goleadas" – wird noch Jahre gesprochen. Und eine Anspielung auf eine schmachvolle Niederlage kann noch lange als Beleidigung aufgefasst werden.

Sport und Spiel

Gibt es mehr im Leben als Fußball?

¿Te gusta ...? AM, E/¿Te mola ...? E	Magst du/Gefällt dir ...?
el baloncesto/básket	Basketball
el ciclismo	Radfahren
el tenis	Tennis
el esquí	Skifahren
el snow(board)	Snowboarden

¿Te gusta ...? AM, E /¿Te mola ...? E	Magst du/Gefällt dir ...?
el motociclismo	Motorradsport
el automovilismo	Autorennen
el skate	Skateboarden
el atletismo	Leichtathletik
el balonmano	Handball
el voleibol	Volleyball
el rugby	Rugby
el béisbol	Baseball

Für Insider

Am beliebtesten sind in Spanien Outdoor-Sportarten wie Snowboarden, Surfen, Windsurfen und Drachenfliegen. Latinos lieben „ciclocross" (ein Querfeldein-Highspeed-Fahrradrennen), Motocross, Mountainbiking – „ciclomontañismo" – und Klettern – „escalada".

Der perfekte Körper

Man muss ihn nicht haben, aber man kann ja zumindest darüber sprechen ...

Vamos ...	Komm, wir gehen ...
al gimnasio.	ins Fitnessstudio.
a hacer ejercicio.	zum Training.
a aerobic E /a hacer aeróbicos. AM	zur Aerobic-Stunde.
a entrenar.	trainieren.
a hacer pesas.	zum Hanteltraining.

¡Esfuérzate!
Streng dich an!

¡No puedo más!
Ich kann nicht mehr!

Estoy completamente …	Ich bin total …
matado.	platt. (wörtl.: getötet)
derrotado.	kaputt.
rendido.	fertig/am Ende.
mamado. KOLUMBIEN	ausgepowert. (wörtl.: ausgelutscht)
hecho polvo.	platt. (wörtl.: pulverisiert)
acabado.	am Ende.
agotado.	platt.
molido.	platt. (wörtl.: zermahlen)

¡Estoy sudando a chorros!
Ich schwitz wie ein Schwein.

Estoy dolorido.
Mir tut alles weh.

Tengo agujetas. E
Ich hab Muskelkater.

Maschinen und mehr

Bring dein Fitness-Vokabular in Form

Hoy hice …	Heute hab ich …
abdominales.	Sit-ups gemacht/meine Bauch-muskeln trainiert.
flexiones.	Liegestütze gemacht.
spinning.	Spinning gemacht
el simulador de escaleras/ **el stepper/stepping.**	am Stepper trainiert.
streching.	Stretching gemacht.
la cinta de correr.	am Laufband trainiert.

¿Tienen ... en este gimnasio?	Gibt es hier im Studio ...?
sauna	eine Sauna
baño turco	ein Dampfbad
masajes	Massagen

No olvides tu(s) ...	Vergiss nicht ... mitzunehmen!
calentadores. E	deine Legwarmer
mallas.	Leggings
sudadera.	dein Sweatshirt
toalla.	ein Handtuch

Wer ist sportlicher?

– **¡Me encanta el spinning!** Ich finde Spinning geil!
– **Prefiero hacer aerobic** E/**aeróbicos.** AM
  Mir gefällt Aerobic besser.

Für Insider

In Spanien und Lateinamerika werden Fitnessstudios immer beliebter
– nicht nur, weil auf einmal alle gut aussehen und fit sein wollen.
Fitnesscenter sind ein idealer Ort zum Relaxen, zum Treffen und
Kontakte knüpfen.

Spaß und Spiel

Du bist ein Fan von Videospielen? Mit diesen Wörtern kannst du auch auf
Spanisch so richtig zocken.

¿Vamos a jugar un rato con la E/**el** AM **play/la/el Wii??**
Wollen wir PlayStation®/Wii spielen?

¿Qué juegos tienes en el iPhone?
Welche Spiele hast du auf deinem iPhone?

¿Apretaste el botón de encendido?
Hast du die Kiste angeschaltet?

Pásame el joystick.
Gib mir den Joystick.

Apúntale al monstruo verde.
Ziel auf das grüne Monster.

¡Le di!
Getroffen!

¡Lo quemé!
Ich hab ihn gegrillt! (wörtl.: verbrannt)

¡Lo maté!
Ich hab ihn plattgemacht!

¡Me están friendo! E
Sie machen mich platt. (Wörtl.: Sie braten mich!)

¡Me están cayendo hostias por todos lados!/¡Me están lloviendo hostias por todos lados! ❗ E
Ich bin im Arsch! (Wörtl.: Sie fallen von allen Seiten über mich her!/Es regnet Prügel von allen Seiten!)

¡Me están follando vivo! 💣 E
Ich bin im Arsch! (Wörtl.: Sie braten mich bei lebendigem Leib!)

Für Insider

Die Wii ist in Spanien unter Jugendlichen und Erwachsenen gleichermaßen populär. Wii-Spielen ist immer ein guter Anlass, um sich mit Freunden zu treffen. Viele sehen die Wii allerdings mittlerweile als eine Art Sportersatz. Deshalb wird in Fernsehspots gegen diese Ansicht angekämpft.

Glücksspiel

Lern diese Ausdrücke, damit das Glück immer auf deiner Seite ist.

Hagan sus apuestas.
Geben Sie Ihre Wetten ab.

Le apuesto 30 € al 5.
Ich setz 30 € auf Nummer 5.

¡Gané!
Ich hab gewonnen!

¡Gané la lotería! E / **¡Me saqué la lotería!** AM
Ich hab im Lotto gewonnen!

Gané la quiniela. E
Ich hab im Fußballtoto gewonnen!

¡Me han estafado! AM, E / **¡Me han timado!** E / **¡Me tumbaron!** AM
Ich bin beschissen worden!

Estoy gafado. E / **No estoy en racha.** E / **Estoy salado.** AM
Ich hab eine Pechsträhne.

Facts

In den meisten spanischsprachigen Ländern ist das Spielen in Casinos, Clubs oder beim Pferderennen für alle unter 18 verboten. In den Shoppingmalls gibt es jedoch Spielautomaten – „tragamonedas" (AM) oder „tragaperras" (E) – an denen auch Jugendliche spielen können – allerdings nicht um Geld, sondern um weitere Spielmarken oder Gutscheine für Spielsachen, Poster oder CDs.

SHOPPEN

Tipps und Tricks für alle Shopaholics!

- Die endgeile Shoppingtour
- Ausdrücke für Schnäppchenjäger und Shoppingfans

Auf zum Shoppen!

Wer sucht, der findet. So kriegst du die richtigen Shopping-Infos.

¿Dónde está la sección de ...?	Wo ist die ...-Abteilung?
señoras/caballeros	Damen/Herren
ropa deportiva	Sport
zapatos	Schuh
cosméticos	Kosmetik

¿Lo tienen en la talla 38?
Haben Sie das auch in Größe 38?

¿En qué otros colores lo tienen?
In welchen anderen Farben haben Sie das da?

¿Dónde quedan los probadores? E/**¿Dónde queda el vestier?** AM
Wo sind die Umkleidekabinen?

¿Dónde puedo encontrar ...?	Wo haben Sie die ...?
CDs	CDs
DVDs	DVDs
postales	Postkarten
libros	Bücher
revistas	Zeitschriften

Facts

In Spanien und in Lateinamerika nimmt der illegale Straßenhandel immer mehr zu. Verkauft werden Raubkopien von CDs, Schmuck, Wäsche ... In den großen Shoppingmalls in Lateinamerika gibt es Verkaufsstände mit coolen Sachen. Meist handelt es sich um Schmuggelware – „contrabando". Auf den Flohmärkten – „mercados de las pulgas" AM/„rastros"/„mercadillos" E – kannst du Secondhand-Klamotten und andere Schnäppchen finden.

Shopping-Fragen & Antworten

Was hat der Verkäufer eben gesagt? Vielleicht war es das ...

¿En qué puedo ayudarle? E

¿A la orden? MITTELAMERIKA } Kann ich Ihnen helfen?

¿Para servirle? AM

¿Qué talla busca?
Welche Größe suchen Sie?

¿Cuál es su talla?
Welche Größe haben Sie?

¿Paga con tarjeta o en efectivo?
Zahlen Sie mit Kreditkarte oder bar?

Mann, die Verkäuferin nervt ...

- **¿Para servirle?** AM / **¿Le puedo ayudar en algo?** E
  Kann ich Ihnen helfen?
- **Sólo estoy mirando, gracias.**
  Nein, danke. Ich schau mich nur um.

Jetzt geht's ans Bezahlen

Du willst dein hart erarbeitetes Geld loswerder? Das sagst du an der Kasse ...

¿Cuánto cuesta?
Wie viel kostet das?

¿Tiene descuento?
Ist das reduziert?

¿Puedo pagar con tarjeta de crédito?
Kann ich mit Kreditkarte zahlen?

¿Lo puedo pagar a plazos?
Kann ich in Raten zahlen?

Money, money, money

Verschiedene Bezeichnungen fürs liebe Geld ...

¿Tienes ... que me prestes? AM /
¿Me puedes prestar ...?

dinero

pasta E

guita E

plata ARGENTINIEN, PERU

quivo BOLIVIEN

tuco KARIBIK

billullo KOLUMBIEN

cañas COSTA RICA

baros KUBA

billuzo EKUADOR

lana MEXIKO

riales VENEZUELA

Kannst du mir <u>Geld</u> leihen?

Verschiedene Wörter fürs Kleingeld ...

No tengo ...
cambio.
calderilla. E
cambio chico. ARGENTINIEN
menudo. MITTELAMERIKA
sencillo. KOLUMBIEN
cacharpa. MEXIKO

Ich hab kein <u>Kleingeld/</u>
<u>Wechselgeld</u>.

Für Insider

In fast allen Ländern gibt es umgangssprachliche Wörter für „Geld". In
Spanien wurde die „peseta" in den Vor-Euro-Zeiten auch „pela"
genannt. Und man sagt heute noch „no tengo pelas" für „ich hab kein
Geld" oder „tiene muchas pelas" über jemanden, der einen Haufen
Kohle hat. In Argentinien werden die Pesos „mangos" genannt. Und
die kolumbianischen Pesos heißen „lucas".

Echte Schnäppchen
Mit diesen Ausdrücken machst du gute Geschäfte.

¡Está tirado de precio! E
Das ist echt billig!

¡Hay rebajas todo el fin de semana!
Es ist das ganze Wochenende Ausverkauf!

Los relojes están en rebaja.
Die Uhren sind reduziert.

¡Esto es una verdadera ganga!
Das ist ein echtes Schnäppchen!

¿Es ese el precio final?
Ist das der Endpreis?

¿Dónde hay ventas de bodega? AM
Wo gibt es hier Outlet-Stores?

Esta bufanda me salió ...
gratis.
gratarola. ARGENTINIEN
de a grapa. MEXIKO

Diesen Schal hab ich <u>umsonst</u> bekommen.

Arschteuer!

Versuch's mit einem dieser Ausdrücke, wenn dir der Preis echt zu hoch vorkommt.

¡Menudo robo!
Der Preis ist echt unverschämt! (Wörtl.: Das ist ja Diebstahl!)

¡Aquí está todo por las nubes!
Hier haben sie aber saftige Preise! (Wörtl.: Hier ist alles in den Wolken!)

Los precios aquí se han disparado.
Die Preise hier sind explodiert.

Für Insider

In Spanien kann man beim Straßenverkauf und auf Flohmärkten handeln. Auf keinen Fall in Läden, außer du kaufst ein ganz teures Teil. In Lateinamerika ist Feilschen auch auf Märkten, in kleinen Läden oder in Touri-Shops erlaubt. In Supermärkten oder Kaufhäusern hast du keine Chance.

MODE

Zieh dir dieses stylische Kapitel rein, damit du genauso gut klingst wie du aussiehst! Rede auf Spanisch mit über …

- die freshesten Modetrends
- die Klamotten in deinem Schrank
- coole Make-ups
- deine Traumfrisur und
- über Schönheits-OPs, Piercings und Tattoos

Ran an die Klamotten!

Gut aussehen ist nicht alles – du musst wissen, was stylisch ist!

Estos pantalones ...	Diese Hose ...
están de moda/se han puesto de moda.	ist jetzt modern/in.
se llevan mucho ahora. E	trägt man jetzt viel.
se ven mucho. E	sieht man jetzt oft.
son el último grito.	ist echt der letzte Schrei.
están „in"/„out". AM	ist in/out.
están pasados de moda.	ist absolut von gestern.

Te queda muy bien esa chaqueta.
Die Jacke steht dir echt gut.

Melissa ...	Melissa ..
está a la moda.	geht total mit der Mode.
siempre va a la última. E	trägt immer den neuesten Fummel.
se arregla mucho/	stylt sich total auf.
se maquea mogollón. E	
va siempre de punta	ist immer total piekfein angezogen.
en blanco. E	
está pintosa. KOLUMBIEN	geht total mit der Mode.
viste muy catrina. MEXIKO	stylt sich total auf.

Javier va siempre supermaqueado. E
Javier ist ein echter Upstyler.

José va siempre hecho un pincel. E
José ist immer top gestylt/piekfein angezogen. (wörtl.: wie ein Pinsel)

Manuel es un gallo. ♂ AM
Manuel ist immer schicki angezogen. (Wörtl.: Manuel ist ein Gockel.)

Jetzt geht's ans Eingemachte!

Führ deinen Kleiderschrank auf Spanisch vor.

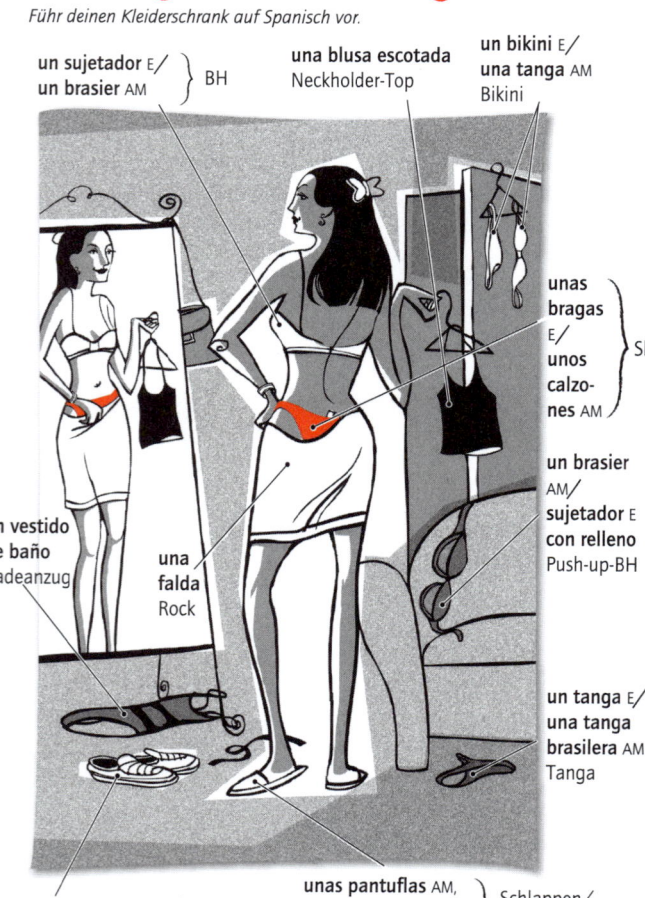

un sujetador E/
un brasier AM   } BH

una blusa escotada
Neckholder-Top

un bikini E/
una tanga AM
Bikini

unas bragas
E/
unos calzones AM } Slip

un brasier
AM/
sujetador E
con relleno
Push-up-BH

un vestido
de baño
Badeanzug

una falda
Rock

un tanga E/
una tanga brasilera AM
Tanga

unas zapatillas AM, E/
zapas E/unos tenis AM } Sneakers

unas pantuflas AM,
E/ unas zapatillas
de andar por casa E } Schlappen/Hausschuhe

una chaqueta
Jacke

unas gafas
Brille

una gorra
Baseball-Cap

una
camiseta
T-Shirt

unos vaqueros E/
unos yins AM } Jeans

una
mochila
Rucksack

unos
calzoncillos
Unterhose

un jersey E/suéter
Pullover

unas sandalias
Sandalen

Totale Abturner

Dein Kumpel hat absolut geschmacklose Klamotten? Dann sag's ihm!

¡Daniel se viste ...!	Daniel hat ...
(super)hortera E	(total) geschmacklose Klamotten an.
(super)cutre E	(total) abgefuckte Klamotten an.

¡Daniel se viste ...!	Daniel zieht ...
adrenalítico CHILE	total schrille/zu bunte Klamotten an.
huachafo PERU	sich an wie ein Proll.
como un croto 🩸 ARGENTINIEN	total abgefuckte Sachen an.

Im Badezimmer

Du willst dich auch auf Spanisch perfekt stylen? Dann merk dir das ...

¿Me prestas un poco de ...?	Kannst du mir ... leihen?
maquillaje	ein bisschen Make-up
colorete	ein bisschen Blush
delineador	deinen Eyeliner
sombra de ojos	deinen Lidschatten
pintalabios	deinen Lippenstift
rímel	deine Wimperntusche
polvos	ein bisschen Puder

Por favor, necesito ...	Ich hätte gern ...
un pincel fino.	einen Make-up-Pinsel.
un rizador de pestañas E/un encrespador de pestañas. AM	eine Wimpernzange.
una esponja.	einen Schwamm.
unas pinzas para depilar.	eine Pinzette.
crema hidratante.	eine Feuchtigkeitscreme.
crema de noche.	eine Nachtcreme.

Lass dich verwöhnen

So gönnst du dir ein endgeiles Wellnessprogramm ... auf Spanisch.

Quisiera ...	Ich möchte ...
un masaje facial.	eine Gesichtsmassage.
hacerme la manicura E/	eine Maniküre.
hacerme un manicure. AM	
hacerme una pedicura E/	eine Pediküre.
hacerme un pedicure. AM	
un masaje.	eine Massage.
depilarme el área	mir die Bikinizone wachsen lassen.
del bikini.	
depilarme las cejas.	mir die Augenbrauen zupfen lassen.
depilarme las piernas.	mir die Beine enthaaren lassen.

Lass nicht zu viele Haare!

So bekommst du auf Spanisch einen stylischen Schnitt ...

¿Dónde hay una buena peluquería?
Wo gibt's hier einen guten Friseur?

Quiero teñirme el pelo.
Ich möchte mir die Haare färben lassen.

Quiero hacerme mechas. E/**Quiero hacerme iluminaciones.** AM
Ich möchte mir Strähnchen machen lassen.

Necesito cortarme el pelo.
Ich möchte mir die Haare schneiden lassen.

Me gusta ese chico ...	Ich steh auf den Typen mit den ... Haaren.
de cabello rizado.	gelockten
de pelo negro.	dunklen
rubio.	blonden

Me gusta ese chico ...	Ich steh auf den Typen ...
de pelo castaño.	mit den braunen Haaren.
pelirrojo.	mit den roten Haaren.
con melena.	mit der langen Mähne.
con coleta.	mit dem Zopf.

Für Insider

Ein klassischer Kurzhaarschnitt für Männer und ein modischer Kurz-
oder Langhaarschnitt für Frauen ist in Spanien und den meisten
Ländern Lateinamerikas Standard. Flippige Frisuren oder Dreads sind
für Studenten gerade noch o.k., an den meisten Ausbildungs- und
Arbeitsplätzen sind sie nicht gerade gern gesehen.

Sauber bleiben

Hier noch ein paar wichtige Kosmetik-Basics.

Für ihn ...

¿Dónde puedo comprar ...?	Wo kann ich ... kaufen?
crema de afeitar/espuma de afeitar	Rasiercreme/Rasierschaum
aftershave E	ein Aftershave
crema para después del afeitado E	eine Aftershave-Creme
loción para después de la afeitada AM	eine Aftershave-Lotion
gomina/gel para el pelo	Haargel
una colonia	ein Eau de Toilette

Für sie ...

¿Tienes ...?	Hast du ... für mich?
una compresa	eine Binde
un tampón	einen Tampon

¿Tienes ...?	Hast du ... für mich?
crema de manos	eine Handcreme
un poco de perfume	ein bisschen Parfum
crema de depilar	eine Enthaarungscreme
cera de depilar	Wachs zum Enthaaren

Schönheits-OPs, Piercings und Tattoos

Die richtigen Klamotten sind nicht alles – Mode hat auch mit dem perfekten Körper zu tun.

¿Te has hecho alguna cirugía plástica?
Hast du schon mal eine Schönheits-OP machen lassen?

Me arreglé ...	Ich hab mir ... lassen.
los pechos.	die Brust operieren
la nariz.	die Nase korrigieren
la barbilla.	das Kinn korrigieren

Se rellenó ...	Sie hat sich ...
las tetas.	die Brust vergrößern lassen.
las nalgas.	den Po liften lassen.
los labios.	die Lippen aufspritzen lassen.

Se hizo ...	Sie hat sich ...
una reducción de estómago E/el tummy tuck. AM	eine Bauchdeckenstraffung machen lassen.
la liposucción.	Fett absaugen lassen.
el maquillaje permanente.	ein Permanent-Make-up machen lassen.

Se estiró la cara.
Sie hat sich das Gesicht liften lassen.

Uso botox.
Ich lass mir Botox spritzen.

Él tiene un piercing en ...	Er hat ein ...-Piercing.
el ombligo.	Bauchnabel
una ceja.	Augenbrauen
un pezón.	Brustwarzen
la nariz.	Nasen
la lengua.	Zungen

¡Que tatuaje más guay/chulo/guapo! E/**¡Qué tatuaje más chévere!** AM
Geiles Tattoo!

Für Insider

Was Schönheitsoperationen angeht, liegt Spanien in Europa an der Spitze – mit steigender Tendenz. Achtzig Prozent der OPs werden an Frauen ausgeführt, rund die Hälfte davon an 18–21-Jährigen. Und da die Eingriffe in Spanien oft billiger sind als anderswo in Europa, hat sich ein regelrechter Schönheitstourismus ins Eldorado der ästhetischen Chirurgie entwickelt.

Auch in Lateinamerika sind sowohl Schönheitsoperationen als auch jede Art von Körperschmuck sehr verbreitet. In Kolumbien, Venezuela und Argentinien lassen sich Mädchen schon mit 14 oder 15 operieren. Meist sind es Brustvergrößerungen, Po- oder Bauchstraffungen, Fettabsaugungen oder Gesichtsverschönerungen. Auch das Permanent-Make-up ist bei Latinas total in.

KÖRPER

Die nackte Wahrheit über Körperteile und -funktionen

- Sexy Beine, geile Hintern, Titten & Co.
- Igitt! Garantiert ekliges Vokabular von Rülpsen bis Kotzen

Der perfekte Body

So redest du über den schönen oder nicht ganz so schönen Körper.

Carolina tiene ...	Carolina(s) ...
un cuerpo escultural.	hat einen attraktiven Body.
unas tetas que no están nada mal. ♀	Titten sind echt nicht übel.
unas tetas de la hostia. ♀ ! E	hat voll die geilen Titten.
un culo cojonudo. ! E	hat einen geilen Arsch.
unas piernas muy bonitas.	hat tolle Beine.
Andrés tiene ...	Andrés hat ...
un súper culazo.	einen geilen Arsch.
un súper cuerpo.	einen geilen Body.
unos brazos macizos.	geile Muckis in den Armen.
unos buenos pectorales.	coole Brustmuskeln.
un buen paquete/bulto. ♂	ein großes Gehänge/ein Riesen-gerät.
Andrés está cuadrado/cachas.	Andrés ist total muskulös/durchtrainiert.
Hernán ...	Hernán ...
tiene panza/barriga.	hat einen Bierbauch/'ne Wampe.
tiene unos cuantos michelines. E	hat Speckrollen am Bauch.
tiene algunos rollitos. AM	hat Speckrollen am Bauch.
es bajito.	ist total klein.
está muy flaco/delgado.	ist superdürr.

Ana está plana. ♀
Ana ist total flach.

María está cuadrada. ♀ AM
María ist total unförmig. (wörtl.: quadratisch)

Ana nada de espalda y nada de pecho. ♀

Ana ist flach wie Schneewittchen, kein Arsch und keine Tittchen. (Wörtl.: Ana schwimmt Rücken und Brust *oder* Ana nichts am Rücken und nichts an der Brust.)

Das ist ein Wortspiel mit „nada", was gleichzeitig „nichts" und „sie schwimmt" heißt.

Unzensiert

Hier findest du die Körperteile, über die du wirklich sprechen willst. Aber Vorsicht, diese Vokabeln sind absolut heiß!

Die Herrenabteilung ...

el pene	Penis
la polla 🌶	Schwanz
el miembro viril	Glied
los testículos	Hoden
los huevos 🌶	Eier
los cojones 🌶	Sack/Hoden
el prepucio	Vorhaut
el capullo 🌶 E	Eichel

Unisex ...

el culo	Hintern/Arsch
el ano	After
la entrepierna	Genitalbereich (wörtl.: zwischen den Beinen)
los genitales	Genitalien
el vello púbico	Schamhaare

Unzensiert

Die Damenabteilung ...

la vagina	Vagina
el coño 🔴	Fotze
la vulva	Vulva
los labios vaginales	Schamlippen
el clítoris	Klitoris
los pechos	Brüste/Busen
las tetas	Titten
los pezones	Brustwarzen
el canalillo E	Spalt zwischen den Brüsten

Hautprobleme

Auch wenn jemand den perfekten Körper hat, gibt's genug zu lästern.

¡Qué desastre! Tengo ...	Oh, Shit! Ich ...
un grano.	hab 'nen Pickel.
una arruga.	hab 'ne Falte.
unas ojeras terribles.	hab voll die Augenringe.
una espinilla AM, E/un barro. AM	hab 'nen Mitesser.
un callo.	hab ein Hühnerauge.
chucha. KOLUMBIEN	stink nach Schweiß.
pie de atleta.	hab Käsefüße.
caspa.	hab Schuppen.

¡Dios santo, cúbrete!   Oh Mann, zieh was an.
¿Qué haces ...?   Was läufst du denn ... rum?

desnudo
en pelotas/en bolas
chulón MITTELAMERIKA
empeloto KOLUMBIEN   } nackt
chingo COSTA RICA
bichi MEXIKO
calato PERU

Körperfunktionen

Igitt! Ekelhaft! So sagst du's auf Spanisch ...

Voy a orinar.
Ich muss mal pinkeln.

Voy a hacer pis.
Ich muss mal pinkeln.

Voy a mear. ❗
Ich muss mal pissen.

Voy al servicio.
Ich geh mal aufs Klo.

Voy a hacer caca.
Ich muss kacken.

Voy a cagar. ❗
Ich muss scheißen.

Voy a plantar un pino. ❗ E
Ich muss mal ein Ei legen/Kackstift leeren. (wörtl.: eine Pinie pflanzen)

Igitt!

Eklige Ausdrücke für eklige Sachen

¡Alguien se ha tirado un pedo!
Jemand hat gefurzt/einen gelassen!

¡Se tiró un eructo impresionante!
Er hat einen endgeilen Rülpser losgelassen!

¡Ernesto eructó como un chancho! AM
Ernesto hat gerülpst wie ein Schwein!

Tienes un moco en la nariz.
Du hast einen Popel in der Nase.

Tienes legañas.
Deine Augen sind verklebt.

¡Qué asco! No te aprietes las espinillas.
Igitt! Hör auf, dir die Mitesser zu quetschen!

Tiene aliento de dragón/alcantarilla.
Er/Sie hat einen total ätzenden Mundgeruch.
(Wörtl.: Er hat einen Atem wie ein Drache/wie ein Abflussrohr.)

¡Se ha cagado en los calzoncillos! E
Er/Sie hat sich in die Hose geschissen!

¡Se ha meado encima! E
Er/Sie hat sich angepisst!

Sei taktvoll …

– **Tienes un moco en la nariz.**
   Du hast einen Popel in der Nase.
– **¡Uy, qué vergüenza!** Igitt! Wie peinlich!
– **No pasa nada.** Halb so schlimm!

Mies drauf?

Du fühlst dich krank? Vielleicht helfen dir diese Wörter weiter:

¡Ay! Tengo …	Aua, ich hab …
estreñimiento AM, E /**constipación.** AM	Verstopfung.
diarrea.	Durchfall.
dolor de estómago.	Bauchweh.
dolor de cabeza.	Kopfweh.
retortijones.	Krämpfe.
resaca.	einen Kater.
dolores menstruales.	Regelschmerzen.
tos.	Husten.
fiebre AM, E /**calentura.** AM	Fieber.
Tengo mareo.	Mir ist schlecht.
¡Me estoy muriendo!	Ich sterbe!
¡Estoy malísimo!	Mir geht's beschissen!
¡Me duele todo!	Mir tut alles weh!
¡Estoy de muerte! AM	Ich bin total am Ende!
	(wörtl.: dem Tod nahe)
¡Estás cadavérico!	Du siehst beschissen aus!
	(Wörtl.: Du siehst aus wie
	eine Leiche!)

Facts

Wenn du abends weggehen, am nächsten Morgen aber keinen Kater bekommen willst, dann probier dieses Latino-Rezept: Nimm zuerst zwei Teelöffel Olivenöl und dann zwei Teelöffel Zucker. Trink ein großes Glas Wasser nach, und du bist fit für die Party!

TECHNIK, TECHNIK

Fachsimple auf Spanisch über Computer, Internet & Co. – mit links!

- Computerjargon und Netspeak
- Die richtigen Kürzel für E-Mail, Instant Messaging und Chatrooms
- Telefonitis leicht gemacht
- Coole Texte für die SMS

Log dich ein!

... natürlich auf Spanisch

Enciende el ordenador. E/**Prende la computadora.** AM
Schalt den Computer ein.

¿Puedo conectarme en tu PC?
Kann ich an deinem PC surfen/ins Internet gehen?

¿Puedo mirar mi correo electrónico?
Kann ich meine E-Mails checken?

Auch in Spanien und Lateinamerika nennt man die elektronische Post oft „e-mail".

¿Puedo bajarme música?
Kann ich mir Musik downloaden?

Estoy navegando por Internet.
Ich bin gerade im Netz.

Comprime ese archivo.
Komprimier diese Datei.

Abre el documento.
Öffne das Dokument.

Cierra el programa.
Beende das Programm.

Arrastra el documento hasta la papelera.
Verschieb das Dokument in den Papierkorb.

Brauchst du Hilfe?

– **No puedo abrir mi e-mail.**
  Ich kann meine E-Mails nicht öffnen.
– **Déjame ayudarte.**
  Vielleicht kann ich dir helfen.

E-Mail

Der Screenshot kommt dir spanisch vor? Kein Problem ...

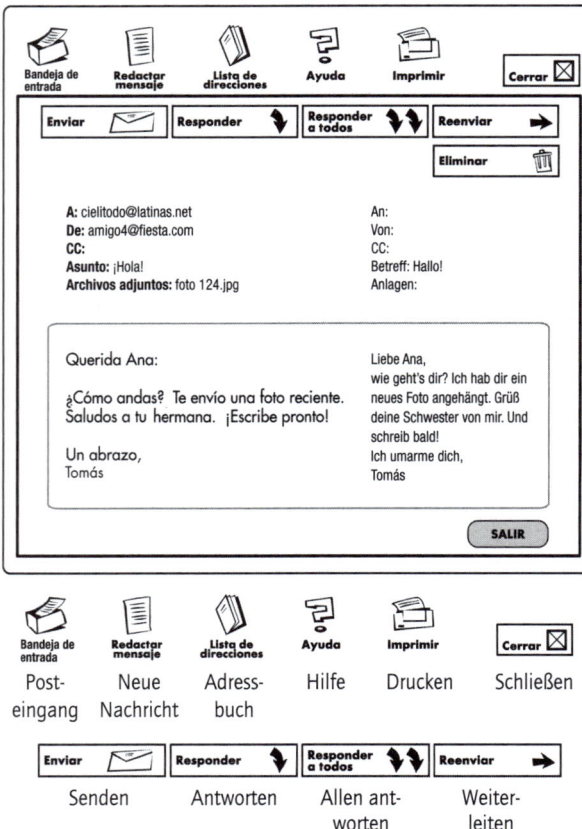

Bandeja de entrada — Post-eingang

Redactar mensaje — Neue Nachricht

Lista de direcciones — Adress-buch

Ayuda — Hilfe

Imprimir — Drucken

Cerrar — Schließen

Enviar — Senden

Responder — Antworten

Responder a todos — Allen antworten

Reenviar — Weiter-leiten

Eliminar — Löschen

SALIR — Logout

Hilfe, mein Computer spinnt!

Computer-Probleme? Vielleicht helfen dir diese Ausdrücke.

Este aparato ...
se bloqueó.
se ha quedado pillado. E
se ha quedado colgado. E
se quedó ahí. AM

Der Compi hat sich <u>aufgehängt</u>.

Esta cosa ...	Das Ding ...
se estropeó. E	ist kaputtgegangen.
se dañó.	ist kaputtgegangen.
se funó. ❗ CHILE	ist im Arsch.
se desmadró. MEXIKO	hat seinen Geist aufgegeben.
	(wörtl.: hat sich entmuttert)
se jodió. 💣 E / KOLUMBIEN	ist im Arsch.

Tienes que reiniciar/resetearlo.

Du musst den Computer neu starten.

Für Insider

In Lateinamerika, wo nicht jeder seinen eigenen PC zu Hause hat, sind Internet-Cafés wichtige Treffpunkte. Man kann seine E-Mails abrufen, chatten, etwas trinken, Freunde treffen oder auch neue Leute kennenlernen.
In Spanien haben mittlerweile immer mehr Leute eine Internetverbindung zu Hause. Deshalb ist die Zahl der Internet-Cafés deutlich zurückgegangen. Mittlerweile sind sie zu Treffpunkten jugendlicher Einwanderer aus Südamerika geworden.

Online-Kommunikation

Chatten und e-mailen auf Spanisch

Me encanta este blog.
Diesen Blog find ich cool.

Esa es mi página (web) favorita.
Das ist meine Lieblingsinternetseite.

Mándame ese enlace.
Schick mir diesen Link.

¿Cuál es tu nick?
Was ist dein Nickname?

¡Me encanta chatear desde el iPhone!
Ich find chatten mit dem iPhone geil!

Dame tu e-mail/tu dirección de e-mail.
Gib mir deine Mail-Adresse.

Búscame en Facebook.
Such mich auf Facebook.

Für Insider

Bist du auf der Suche nach einer virtuellen Lovestory? Wenn du in Chatrooms flirten willst, dann solltest du diese Sätze kennen ...

Soy una chica/un chico ...	Ich bin ein Girl/ein Kerl, ...
que busca chica/chico/	der/die ein Girl/einen Kerl/
chica o chico ...	einen Kerl oder ein Girl sucht, ...
que tenga entre XX y XX años ...	der/die zwischen XX und XX ist ...
a quien le guste (pasatiempos).	der/die gern (Hobbys).
que viva en (ciudad/	der/die in (Stadt/Provinz/Land) lebt ...
provincia/país) ...	
Envíame un correo a ...	Schick eine Mail an ...

Chatroom-Talk

Wenn du in Chatrooms rumsurfst, kommst du mit diesen Abkürzungen besonders cool rüber.

Kmo stas? (¿Cómo estás?)
Hallo, wie geht's?
Die ¿ und i am Satzanfang kannst du dir beim Chatten sparen.

Dd stas? (¿Dónde estás?)
Wo bist du?

Wenas! (¡Buenas!)
Hallo!

Ke kieres? (¿Qué quieres?)
Was willst du?
Ein „k" is schneller getippt als ein „qu" ... und irgendwie cooler!

Ya te vas?
Gehst du schon?

xk kieres irte ya? (¿Por qué quieres irte ya?)
Warum willst du schon gehen?

Nos pasamos a un privado?
Wollen wir in einen privaten Chatroom wechseln?

Cd kedams? (¿Cuándo quedamos?)
Wann treffen wir uns?

Cd kieras! (¡Cuándo quieras!)
Wann du willst!

NPI 💧
Absolut keinen Plan!
Das ist die Abkürzung für „no poseo información" (ich hab keine Info) und „ni puta idea" (ich hab absolut keinen Plan).

Instant Messaging

Auf zur Kommunikation im Cyberspace …

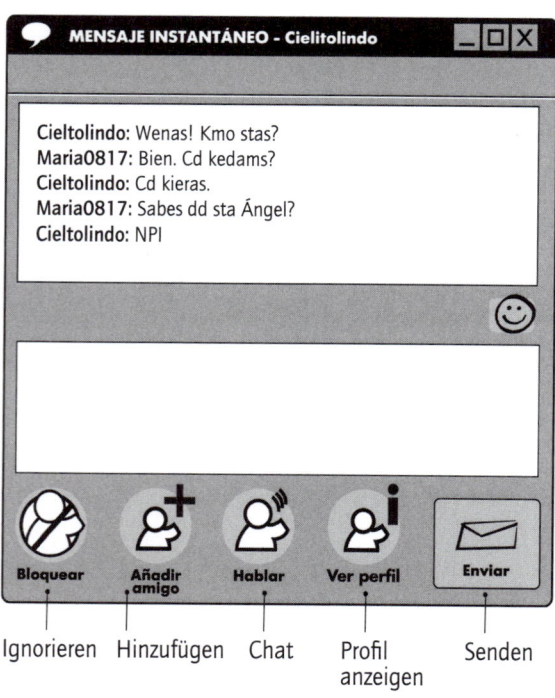

| Ignorieren | Hinzufügen | Chat | Profil anzeigen | Senden |

Instant Message	**Spanische Übersetzung**	**Deutsche Übersetzung**
Wenas! Kmo stas?	¡Buenas! ¿Cómo estás?	Hallo! Wie geht's dir?
Hola! Bien. Cd kedams?	¡Hola! Bien. ¿Cuándo quedamos?	Hallo! Gut. Wann treffen wir uns?
Cd kieras!	¡Cuando quieras!	Wann du willst!
Sabes dd sta Ángel?	¿Sabes dónde está Ángel?	Weißt du, wo Ángel ist?
NPI	Ni puta idea.	Keinen Plan.

Geh ran!

Ruft jemand an oder willst du jemanden anrufen? Nur keine Panik!

¿Dónde está el móvil? E/**¿Dónde está el celular?** AM
Wo ist das Handy?

¿Hola?
Hallo?

¿Aló? AM
Hallo?

¿Sí?
Ja?

¿Diga?
Ja? (Wörtl.: Sprechen Sie?)

¿Bueno? MEXIKO
Ja? (Wörtl.: Gut?)

Hola, soy Lola. E/ **Hola, habla Lola.** AM
Hallo, hier ist/spricht Lola.

¿Puedo hablar con Miguel, por favor?
Kann ich bitte mit Miguel sprechen?

¿Está Rosa?
Ist Rosa da?

Ahora se pone.
Er/Sie kommt gleich.

Soy yo.
Das bin ich./Ich bin dran.

Un momento.
Einen Moment.

¡Dame un toque! E
Ruf mich an! (Wörtl.: Gib mir ein Klingeln!)

¡Llámame!
Ruf mich an!

¡Hablamos!
Wir hören uns! (Wörtl.: Wir reden!)

Was du auf einem Anrufbeantworter hören wirst …

– **¡Hola! Este es el contestador automatico de Isa.
Por favor deje su mensaje después de la señal.**
Hallo! Das ist der automatische Anrufbeantworter
von Isa. Bitte hinterlassen Sie Ihre Nachricht nach
dem Signalton.
– **Hola, Isa, soy Luis. ¡Llámame!**
Hallo Isa, hier Luis. Ruf mich an!

Leg auf!

So kriegst du auch Freunde mit Telefonitis von der Strippe …

Me tengo que ir.
Ich muss gehen.

Tengo que colgar.
Ich muss auflegen.

Llámame más tarde.
Ruf mich später an.

Te mando un beso./Un beso.
Bussi! (Wörtl.: Ich schick dir einen Kuss.)

Te mando un abrazo./Un abrazo.
Ich umarme dich! (Wörtl.: Ich schick dir eine Umarmung.)

SMS

Coole Texte fürs Handy ...

¿Dónde andas?
Wo bist du gerade?

Llama a casa.
Ruf zu Hause an!

¡Llámame!
Ruf mich an!

Bss (Besos)
Bussi
Wird oft als netter Abschiedsgruß genutzt.

TQM [Te quiero mucho.]
HDGDL (Hab dich ganz doll lieb.)

Taluego [¡Hasta luego!]
Bis dann!

Tas n ksa? [¿Estás en casa?]
Bist du zu Hause?

Facts

Handys (móvil E, celular AM) werden in Spanien und in Lateinamerika viel genutzt, auch wenn die Gebühren total hoch sind. Deshalb haben viele Teenies und Twens lieber Prepaid-Cards und simsen, statt lange zu telefonieren.

KLATSCH und TRATSCH

Die neuesten News über Kumpels und die Family. Wie du ...

- über gute und nicht so gute Kumpels sprichst
- den neuesten Tratsch austauscht
- über deine Family redest
- jemanden so richtig beleidigst

Dicke Freunde

Hast du ein paar echt coole Leute kennengelernt? Erzähl den anderen davon …

¡Qué tía más maja he conocido! E
Ich hab ein total nettes Mädel kennengelernt.

¡Es un tío de puta madre! 💣 E
Der Typ ist voll in Ordnung!

¡Juan es un cachondo! E
Juan ist total lustig!

¡Es una tía superenrollada! E
Sie ist echt supernett und hilfsbereit!

Es muy buena gente.
Er ist echt ein netter Kerl./Sie ist echt 'ne Nette.

Me cae muy bien.
Ich mag ihn/sie echt gern.

Me cae de puta madre. 💣 E
Ich mag ihn/sie supergern.

Ich pack's nicht!

Wenn dir jemand so richtig auf den Sack geht …

¡Odio a los niños de papá! E/**¡Odio a los hijos de papi!** AM
Ich hasse Muttersöhnchen.

Paso directamente de la gente pija. E
Ich hab keine Lust auf Schnösel/Bonzen.

Me cae como una patada en los cojones. ♂ 💣 E
Er/Sie geht mir auf den Sack. (Wörtl.: Er/Sie ist wie ein Tritt in die Eier.)

Ana me cae fatal. E/**Ana me cae gorda.**
Ich pack Ana nicht.

Él me cae de madre. MEXIKO
Ich kann den Typen nicht ausstehen.

Ese tipo es un capullo. ❗ E
Der Typ ist echt ein Arsch.

Me toca mucho los huevos ese pibe. ♂ 💣 E
Der Typ geht mir total auf die Eier.

Él es un veneno. KUBA
Er ist ein totaler Schleimer. (Wörtl.: Er ist Gift.)

¡Me pone los pelos de punta! AM
Der macht mich wahnsinnig!

Klatsch und Tratsch

*So kannst du richtig ablästern und „chismes" (den neuesten Tratsch)
rüberbringen …*

Esto entre tú y yo.
Das muss aber unter uns bleiben.

Entre nosotros. E/**Aquí entre nos.** AM
Nur unter uns.

¡Traigo un bombazo de noticia!
Ich hab 'ne Wahnsinns-Neuigkeit!

¡Agárrate!
Halt dich fest!

¿Te enteraste de la última?
Weißt du schon das Neueste?

Top Secret

Vertrau deinen Freunden ... aber sorg dafür, dass sie die Klappe halten.

¡Que de aquí no salga!
Das muss unter uns bleiben!

¡No se lo cuentes a nadie!
Erzähl's bloß nicht weiter!

Guárdatelo.
Behalt's für dich.

¿Puedes guardar un secreto?
Kannst du was für dich behalten?

¡Soy una tumba!
Ich schweige wie ein Grab.
(Wörtl: Ich bin ein Grab.)

Gerüchteküche

So kannst du über Feinde – und Freunde – ablästern.

Ana es ...	Ana ist ...
una niña pija. E	eine arrogante Zicke.
una gilipollas que te cagas 💣 E /	'ne absolute Idiotin.
una gilipollas de la hostia. 💣 E	
una cabrona. 💣	ein Arsch.
de la plebea. AM	voll die Proletin.
una concheta. ARGENTINIEN	⎫
una gomela. KOLUMBIEN	⎬ Papis Liebling.
una chancletera. KUBA, MEXIKO	⎭
una jíbara. AM	ein Bauer / ein Trampel.
de alcurnia. AM	eine Angeberin / Poserin.
	(wörtl.: von adliger Abstammung)

Ella es ...	Sie ist ...
una engreída.	total arrogant.
una maleducada.	ein Trampel.

Ella está ...	Sie ist ...
loca.	verrückt.
como una regadera E/	total verrückt. (wörtl.: wie eine
una cabra AM, E/una chota. E	Gießkanne/wie eine Ziege/wie ein Zicklein)

Él es un ...	Er ist ein ...
imbécil.	Dummkopf.
subnormal. ❗	Pfosten/Nullchecker.
tonto del culo. ❗ E	Volltrottel.
capullo. ❗ E	blödes Arsch.
estúpido. ❗	Dummkopf.
gilipollas. 💣 E	Idiot.
tarado.	Trottel.
gil/pasmado. MITTELAMERIKA	Hasenhirn/Idiot.
buey. (wörtl.: Ochse) ♂ MEXIKO	Hasenhirn/Idiot.
lenteja. (wörtl.: Linse) PERU, KOLUMBIEN	Hasenhirn/Idiot.
boludo. ARGENTINIEN	Trottel.
huevón. ❗ AM	Idiot.
idiota.	Idiot.

Santiago es ...	
un cabroncete. ❗ E	
maldoso. ZENTRALAMERIKA	Santiago ist ein
un punto. KUBA	Schwein/eine
un parejero. DOMINIKANISCHE REPUBLIK	fiese Ratte.
un canijo. MEXIKO	
un guillú. PUERTO RICO	

Halt's Maul!

So bringst du jeden Dummschwätzer zum Schweigen ...

No seas mentiroso AM, E/**trolero.** E
Lüg nicht rum!

No seas hablamierda. ! AM
Sei kein Dummschwätzer!

No te hagas el longuis conmigo. E
Jetzt stell dich nicht dumm.

No te hagas el gil conmigo. ARGENTINIEN
Jetzt stell dich nicht dumm.

Eso es una bola/trola. E
Das ist eine Lüge!

No hables paja. KOLUMBIEN/**No eches botana.** MEXIKO
Erzähl keinen Scheiß!

Wut im Bauch?

Bist du sauer? Tob dich aus ...

¡Estoy que lo mato!
Ich bring ihn um!

¡Estoy que reviento!
Ich flipp aus!

¡No la aguanto!/¡No la soporto!
Ich pack sie nicht!

¡Me saca de quicio!
Er/Sie geht mir total auf den Sack!

Unzensiert

Die besten Schimpfwörter ...

¡Sabelotodo!
Besserwisser!/Rechthaber!

¡Imbecil!
Dummkopf!/Idiot!

¡Huevón! ! AM/**¡Huevoncito!** ! AM
Idiot!

Eres un comemierda. 💣
Du bist ein Arschloch!

... und die besten Konter

Ábrase. KOLUMBIEN
Hau bloß ab!

Púdrete. 💣
Verreck doch! (Wörtl.: Verfaule!)

¡Vete a la mierda! 💣
Verpiss dich! (Wörtl.: Geh in die Scheiße!)

¡Vete a tomar por culo! 💣 E
Fick dich!/Leck mich!

Me importa una mierda. ! E
Ich scheiß drauf!

Trostpflaster

Hast du einen Freund oder eine Freundin, dem oder der es schlecht geht?
Dann versuch's mal damit …

Cálmate. No vale la pena.
Kein Stress! Das ist's echt nicht wert!

No te comas la olla por eso. E
Mach dich deswegen nicht verrückt!

No le des más vueltas.
Denk nicht mehr dran!

No le pares bolas. AM
Beacht ihn doch einfach gar nicht!

Die liebe Family

So nennst du deine Alten und Geschwister auf Spanisch …

Mi … es un gran tipo.	Mein .. ist ein toller Typ.
padre	Vater
viejo*	Alter
tata COSTA RICA, GUATEMALA	⎫
taita KOLUMBIEN, DOMINIKANISCHE REPUBLIK	⎪
pai DOMINIKANISCHE REPUBLIK, PUERTO RICO	⎬ Dad
apá MEXIKO	⎪
cocho/teclo PERU	⎭

Adoro a mi ... /Quiero a mi ...	Ich mag meine ...
madre.	Mutter.
vieja*.	Alte.
tata. COSTA RICA	
nana. GUATEMALA	
mai. DOMINIKANISCHE REPUBLIK, PUERTO RICO	Mom
amá. MEXIKO	
cocha/tecla. PERU	

Für Insider

Kniebeißer nerven dich? Hier die besten spanischen Ausdrücke für „Kid" ...

enano

chaval E, SÜDEN SÜDAMERIKAS

crío E

chichí MITTELAMERIKA

guagua BOLIVIEN, PERU

sardino KOLUMBIEN, COSTA RICA

chamaco KUBA, MEXIKO

chamo KARIBIK, MEXIKO

güiro GUATEMALA

botija URUGUAY

---

* „Viejo" (Alter) und „vieja" (Alte) für Eltern ist in Spanien schon ziemlich heftig.
  In Lateinamerika nennt man seine Ellis aber oft so, und es ist nicht abwertend gemeint.

Unzensiert

Wenn du jemanden echt beleidigen willst, sagst du im Spanischen am besten was Gemeines über seine Family!

¡La madre que te parió!
Was hast du für 'ne Mutter! (Wörtl.: Die Mutter, die dich geboren hat!)

¡Su abuela! AM
Ihre Großmutter!

¡Hijo de mala madre! ❗
Hurensohn! (Wörtl.: Sohn einer schlechten Mutter!)

¡Tu puta madre! 💣
Deine Mutter ist 'ne Hure!

¡Me cago en tu madre! 💣
Ich scheiß auf deine Mutter!
Zählt in Spanien zu den schlimmsten Beleidigungen. „Arschloch" ist dagegen fast ein Lob …

¡Me cago en tus muertos! 💣 E
Ich scheiß auf deine Vorfahren!
Auch dieser Spruch ist in der Liste der schlimmen Beleidigungen ganz oben. Vorsicht damit!

¡Hijo de perra! 💣
Hundesohn!

¡Me chingo a tu hermana! 💣 AM
Ich fick deine Schwester!

Hijoputa. 💣 **/Hijo de puta.** 💣
Hurensohn!/Bastard!

Esa fue una hijoputada/cabronada. 💣
Das war 'ne absolute Sauerei/'ne absolute Gemeinheit!

ESSEN

Zieh's dir rein, aber nimm den Mund nicht zu voll ...

- Mordshunger und Scheißdurst
- Geiles Essen oder fette Pampe
- Schlechte Essmanieren

Das große Fressen

Die richtigen Wörter fürs Essen ...

A Pepe le gusta mucho ...

la comida.

el papeo. E

la jama. E, COSTA RICA, KUBA, EKUADOR, PERU, PUERTO RICO

el morfi. ARGENTINIEN

la papa. KOLUMBIEN

el combo. PERU

Pepe isst gern/steht auf <u>Essen</u>.

Am Verhungern? So kannst du richtig losjammern ...

¡Tengo un hambre de la hostia! ! E
Ich hab einen Mordshunger!

¡Me estoy muriendo del hambre!
Ich bin am Verhungern!

¡Tengo una sed de (la) hostia! ! E
Ich hab einen Scheißdurst!

¡Me estoy muriendo de la sed!
Ich bin am Verdursten!

Für Insider

Essen ist in Spanien superwichtig, und die Spanier sind stolz auf ihre Küche. Mittags sind die Restaurants und Bars voll, es geht laut und lebhaft zu. Viele Bars bieten als Snack eine „caña" (ein Glas Fassbier) und dazu „tapas", kleine Häppchen, an. Fastfood ist nur bei jungen Leuten in. Generell wird sehr spät gegessen: Mittagessen gibt es gegen 14 Uhr, Abendessen ab 22 Uhr.

¡Tengo antojos de calamares!
Ich hab Lust, Calamares zu essen!

Me muero por un helado.
Ich würd sterben für ein Eis.

Für Insider

Die spanische Siesta ist eher Mythos als Realität. In den Großstädten hat keiner Zeit für einen wirklichen Mittagsschlaf. Je kleiner und südlicher die Stadt, desto eher wird man Leute treffen, die tatsächlich ein Nickerchen machen. Am populärsten ist die Siesta in den heißen Sommermonaten, wenn man es sowieso nur noch in der kühlen Wohnung aushalten kann. Auch Latinos sind für ihre Siestas bekannt. In manchen Gegenden kommt das gesamte öffentliche Leben zur Mittagszeit zum Stillstand. Die meisten Büros, Läden und öffentlichen Einrichtungen sind zwischen 13.30 und 15.00 Uhr entweder geschlossen oder wie ausgestorben. Dann sind die Einheimischen beim Essen und halten ihre Siesta. Da bleibt nur eins: Leg dich auch flach!

Endgeil oder eklig?

Passende Kommentare für leckeres ... und weniger leckeres Essen:

¡Todo buenísimo!
Schmeckt alles superlecker!

¡Estaba de puta madre! ! E
Das war echt übelst gut!

¡Estaba cojonudo! ! E
Das war saugut!

¡Qué bueno!/
¡Qué rico!/¡Qué ricura! AM   } Lecker!

Se me hace la boca agua.
Mir läuft das Wasser im Mund zusammen.

¡Mhmmm!	Mmmm!
¡Ñam, ñam!	Miammiam!
¡Ñami! AM	Miammiam!

¡Bua!	
¡Guácala! AM	
¡Fuchi!/¡Fo! KOLUMBIEN	} Igitt! Das ist eklig!
¡Chish! GUATEMALA	
¡Veerga! VENEZUELA	

Está malo.
Das schmeckt nicht gut.

Está asqueroso.
Das ist echt eklig.

Überfressen

Du bringst keinen Bissen mehr runter? So wehrst du dich erfolgreich gegen die nächste Portion …

Estoy lleno. AM, E/**Tengo una llenura.** AM
Ich bin bis oben hin voll.

Estoy que exploto. E/**¡Quedé que me exploto!** AM
Ich platz gleich!

Me sentó mal la comida./Me cayó mal la comida.
Das Essen liegt mir im Magen.

La comida me cayó como una patada.
Das Essen liegt mir schwer im Magen.
(Wörtl.: Das Essen war wie ein Fußtritt.)

Tengo ganas de ...	Ich muss gleich ...
vomitar.	brechen/kotzen.
devolver.	erbrechen.
echar la pota. E	kotzen/göbeln.
potar. E	kotzen/göbeln.
trasbocar. AM	kotzen/göbeln.

Facts

Bestimmt möchtest du auch mal spanische Gerichte testen. Hier eine kleine Sammlung von typischen Leckereien, und wo sie am besten schmecken: Die Paella ist in Valencia perfekt; Meeresfrüchte – „mariscos" – bekommst du am frischesten in Galicien. Madrid ist berühmt für seinen „cocido" (ein Eintopf mit Fleisch); der „gazpacho", eine kalte Gemüsesuppe, schmeckt am besten in Andalusien, die „fabada", ein Bohnengericht, in Asturien. Das Kartoffelomelett, „tortilla de patatas", und der „jamón" (roher Schinken) sind überall in Spanien gut.

Essmanieren

Haben deine Freunde kein Benehmen beim Essen? Sag's ihnen.

Miguel es un glotón.
Miguel ist ein Fresssack!

Carmen come como una lima.
Carmen frisst wie ein Scheunendrescher./Carmen haut rein wie die Sau!
(wörtl.: wie eine Feile)
Wenn sie pausenlos frisst ...

Héctor come como un cerdo.
Héctor frisst wie ein Schwein.
Sag's, wenn er beim Essen schmatzt und sabbert ...

Carlos come como un pajarito.
Carlos isst wie ein Spatz.

Mach einen drauf auf Spanisch!

- Richtig abfeiern
- Saufgeschichten ... und der Kater danach
- Brandheiße Rauchersprache

Abtanzen

Latinos und Spanier sind die Stars, wenn es ums Party machen geht ...

¡Vamos a … esta noche!	
salir de marcha E	
salir de farra E	
salir de parranda	
parrandear KARIBIK	Heut Abend <u>gehen wir richtig weg</u>./
rumbear KOLUMBIEN	Heut Abend <u>machen wir Party</u>.
farrear EKUADOR, PARAGUAY	
patinar EL SALVADOR	
pijinear HONDURAS	
chinganear/tonear PERU	
tripear VENEZUELA	

¿Conoces …?	Kennst du …?
un buen bar	eine coole Kneipe
	Eine spanische „bar" hat in der Regel
	bis ca. ein Uhr nachts geöffnet.
un bareto E	eine Kneipe
	Umgangssprachlich für „bar".
algún pub/	irgendeine Bar
bar de copas E	*Diese Locations haben länger geöffnet*
	als eine „bar". Man kann dort zwar
	nicht tanzen, aber es läuft immer
	Musik.
un buen garito E	eine coole Bar
algún garito guapo E	eine coole Bar
una buena sala de conciertos	eine coole Konzerthalle
una buena discoteca	eine gute Disco
	Hier zahlst du Eintritt …
	und kannst richtig abtanzen.

¿Conoces ...?	Kennst du ..?
un buen boliche ARGENTINIEN	einen guten Club
	(wörtl.: eine gute Bowlingbahn)
un buen antro MEXIKO	eine gute Kneipe (wörtl.: eine gute Höhle)

Viel Spaß!

– **Vamos a salir esta noche.**
Wir wollen heut Abend weggehen.
– **Buena idea. ¿Conoces una buena discoteca?**
Super Idee! Kennst du eine gute Disco?
– **¡Claro!** Klar doch!

Für Insider

In Spanien fängt man oft schon mit 14 oder 15 Jahren an, abends wegzugehen, wobei die Eltern bei Mädels normalerweise etwas strenger sind. Alkohol bekommt man „eigentlich" erst ab 16. Ein beliebter Sport unter Teenies sind - trotz der Verbote in vielen Städten - die „botellones", das Trinken von alkoholischen Getränken auf öffentlichen Plätzen und in Parks. Die sogenannten „macrobotellones" werden oft in Internetforen und sozialen Netzwerken vereinbart. In Lateinamerika geht man schon ab 13 abends weg – zuerst nur zu privaten Partys, ab 15 oder 16 dann auch in Bars oder Clubs. Ab 18 sind dann Discos, die bis zum frühen Morgen geöffnet haben, der Hit.

Hoch die Tassen!

Gib dir mit diesen Wörtern die Kante ...

Esta noche quiero ...	Heut Abend will ich ...
beber AM, E/**tomar.** AM	trinken/saufen.
cocerme.	mich besaufen.
emborracharme.	mich besaufen.
pillarme un buen ciego/pedo. E	mich so richtig besaufen.

Esta noche quiero ...

chupar. MITTELAMERIKA, BOLIVIEN, PERU

mamar. KOLUMBIEN

escabiar. DOMINIKANISCHE REPUBLIK

} Heut Abend will ich <u>trinken</u>/<u>saufen</u>.

Vamos a tomar ...

una copa.

un cubata. E

un chupi. ARGENTINIEN

un copete. CHILE

un tapis. EL SALVADOR

unas copiosas/unos chupes. MEXIKO

un juanetazo. PUERTO RICO

} Nehmen wir 'nen Drink.

Facts

Diese Wörter können peinlich rüberkommen, wenn der Zusammenhang nicht klar ist. „Chupar" und „mamar" heißen in Bezug auf Sex auch „saugen". Außerhalb Argentiniens und Spaniens bedeutet „tomar un chupi" „küssen", nicht „einen Drink nehmen". Und nur in Chile ist „un copete" ein Drink und kein Haarbüschel.

Unter Alkoholeinfluss

Jemand dicht? Dafür gibt es fast in jedem Land ein eigenes Wort.

¡Manolo está ...!

borracho

pedo E

mamado ARGENTINIEN, DOMINIKANISCHE REPUBLIK

rubio BOLIVIEN

curado CHILE

caído de la perra KOLUMBIEN

} Manolo ist <u>total hacke</u>!

¡Manolo está ...!

socado/socao COSTA RICA

del otro lado KUBA

chumado EKUADOR

Manolo ist total <u>hacke</u>!

¡Isabel está ...!

muy bebida

ciega E

bola EL SALVADOR, NICARAGUA

a talega GUATEMALA

ahogada MEXIKO

en pedo PARAGUAY

choborra PERU

aguarapada VENEZUELA

Isabel ist total <u>dicht</u>!

Trinksprüche ...

¡Salud!
Prost! (Wörtl.: Gesundheit!)

Arriba, abajo, al centro y pa' dentro.
Rauf, runter, in die Mitte und runter damit!
Mach die Bewegungen mit deinem Glas ... und danach: auf ex!

Für Insider

Was trinkt man so in Spanien und Lateinamerika? In Spanien ist die Sangría das Sommergetränk schlechthin. In den Bars gibt es Cocktails und alle Arten von Drinks: Wodka Lemon, Whisky mit Cola ... In Lateinamerika sind die einheimischen Getränke angesagt: „aguardiente" (Schnaps), „ron" (Rum), Tequila und Pisco, pur oder mit Eis, einem Spritzer Orangen- oder Zitronensaft oder einem Schuss Soda. Einfache Drinks mit Wodka oder ein Gin Tonic sind Standard. Auch Bier wird überall getrunken. Als weniger cool gelten Whisky, Wein und Brandy.

Ein Drink zu viel?

Oder auch zwei, oder drei ...

María bebe como una esponja.
María säuft wie ein Loch. (Wörtl.: María trinkt wie ein Schwamm.)

Paco ha bebido como una bestia.
Paco hat tierisch viel gesoffen/hat sich volllaufen lassen.

José anda empinando el codo todo el día.
José säuft den ganzen Tag. (Wörtl.: José hebt den ganzen Tag den Ellbogen.)

Der Tag danach

Zu viel erwischt? Scheiß-Gefühl? Jammer dich aus!

Tengo ...	Ich hab ...
resaca.	'nen Kater.
un resacón. E	voll den Kater.

Tengo ...

chaki. ARGENTINIEN	
goma. (wörtl.: Gummi) MITTELAMERIKA	
guayabo. KOLUMBIEN	Ich hab '<u>nen Kater</u>.
perra. (wörtl.: Hündin) EKUADOR	
caldero. (wörtl.: Kessel) PERU	
ratón. (wörtl.: Ratte) PERU, VENEZUELA	

So kann's geh'n ...

– **Javier ya está pedo.** E Javier ist schon total dicht.
– **¿Tan rápido?** Was, jetzt schon?!

Schall und Rauch

Ob du dir eine anzünden oder dich über die Raucher aufregen willst – hier ist der Wortschatz, den du dafür brauchst.

¿Tienes un ...?

cigarrillo

cigarro E

piti E

pitillo E

pucho ARGENTINIEN, CHILE, KOLUMBIEN

cáncer (wörtl.: Krebs) PERU

Hast du ’ne Kippe?

¿Te molesta si fumo?
Stört’s dich, wenn ich rauche?

Fumas como una chimenea.
Du rauchst wie ein Schlot.

Dora fuma como una puta encarcelada. ♀ 🔥 KOLUMBIEN
Dora ist eine echte Kettenraucherin.
(Wörtl.: Dora raucht wie eine Hure im Knast.)

Antonio fuma como un carretero.
Antonio ist Kettenraucher. (Wörtl.: Antonio raucht wie ein Fuhrmann.)

Facts

Im Januar 2011 trat in Spanien ein neues Rauchergesetz in Kraft, das das bereits umstrittene Gesetz von 2006 modifizierte. Das Rauchen ist am Arbeitsplatz, in Freizeit- und Kulturzentren, öffentlichen Verkehrsmitteln und in geschlossenen Räumen, die für die Öffentlichkeit zugänglich sind (wie Bars und Diskos), verboten. Dies wird jedoch von vielen Spaniern nicht unbedingt beachtet. Das Rauchen ist nach wie vor ein sehr umstrittenes und kompliziertes Thema in Spanien, das oft auch für politische Auseinandersetzungen sorgt.

Tiefenrausch

Keine Macht den Drogen ... aber man kann ja mal drüber reden.

Está ...

drogada.

colocada/(puesta) hasta arriba. E ⎞

volada. (wörtl.: geflogen) CHILE ⎟ Sie ist <u>voll</u>

trabada. (wörtl.: voll) KOLUMBIEN ⎬ <u>drauf</u>/<u>total</u>

del otro lado. (wörtl.: auf der anderen Seite) KUBA ⎟ <u>breit</u>.

olía. (Wörtl.: Sie riecht.) VENEZUELA ⎠

Fuma porros.
Er/Sie kifft.

Esnifa coca.
Er/Sie kokst.

No consumo drogas.
Ich nehm keine Drogen.

Erwischt!

Gut zu wissen ... auch wenn du's hoffentlich nicht brauchen wirst.

Me pusieron una multa por ...	Ich hab einen Strafzettel bekommen, weil ...
exceso de velocidad.	ich zu schnell gefahren bin.
saltarme un semáforo E/ **pasarme un semáforo.** AM	ich bei Rot über die Ampel gefahren bin.
saltarme un ceda el paso. E	ich die Vorfahrt missachtet hab.
no hacer el stop E/ **no hacer un pare.** AM	ich ein Stoppschild überfahren hab.

Auf Streife

Auch auf Spanisch gibt es coole Namen für Bullen …

¡Allá viene un …!

picoleto E
madero E
cana ARGENTINIEN, DOMINIKANISCHE REPUBLIK, URUGUAY
paco BOLIVIEN, CHILE, VENEZUELA
tombo KOLUMBIEN, COSTA RICA, PERU, VENEZUELA
cuilio EL SALVADOR
chonta/guarura GUATEMALA
cuico MEXIKO
gandul PUERTO RICO

Da kommt
ein <u>Bulle</u>!

Hinter Gittern

Wen hat's für was erwischt?

Lo …	Sie haben ihn …
agarraron.	erwischt.
arrestaron.	festgenommen.
cazaron. E	gecasht/gefickt.
pescaron. E	gecasht/gefickt.
engrillaron. CHILE	eingelocht.

Für Insider

Obwohl viele lateinamerikanische Länder das Ganze mittlerweile
bestrafen, werden Bullen immer noch gern bestochen, um einem
Strafzettel oder gar einer Verhaftung zu entgehen. Als Ausländer
solltest du das aber lieber nicht versuchen. Wenn du an einen ehrli-
chen Polizisten gerätst, könntest du ins Gefängnis wandern. In
Spanien haben Bestechungsversuche absolut keine Chance.

ENTERTAINMENT

Szenesprache über Musik, Film und Fernsehen

- Chill und sprich über coole Mucke
- Was geht im spanischen und im Latino-Fernsehen?
- Lass dich über spanische Filme zutexten

Heiße Rhythmen

Mach dich bereit zum Abtanzen ...

Me encanta(n) ... AM, E / Me mola(n) ... E	Ich steh auf ...
la música pop.	Popmusik.
el rock español.	Spanish Rock.
el rock clásico.	Rock.
el flamenco. E	Flamenco.
las sevillanas. E	Sevillanas.
la rumba. E	Rumba.
el merengue.	Merengue.
la cumbia. KOLUMBIEN, VENEZUELA	Cumbia.
la bachata. DOMINIKANISCHE REPUBLIK	Bachata.
el vallenato. KARIBIK, KOLUMBIEN	Vallenato.

Soy ... de la salsa.	Ich ...
un chiflado.	bin verrückt nach Salsa.
amante/un enamorado	liebe Salsa.
fana ARGENTINIEN	bin ein Salsa-Fan.

¡El concierto estuvo ...!	Das Konzert war ...!
flipante E	total geil
genial	toll
espectacular	echt Wahnsinn
chévere AM	cool
poderoso CHILE	super
la verraquera KOLUMBIEN	super
a todo dar MEXIKO	endgeil
de puta madre 💣	der Hammer/abfetzmäßig
acojonante ❗ E	endgeil
de la hostia ❗ E	der Hammer/abfetzmäßig
de mierda ❗	die größte Scheße

Me gusta escuchar música a todo volumen.
Ich dreh die Musik gern voll auf.

Lleva la música a toda hostia. E/**Lleva la música a todo trapo.** E
Er/Sie ist immer mit voll aufgedrehter Musik unterwegs.

Das nötige Equipment
Was du zum Musikhören brauchst …

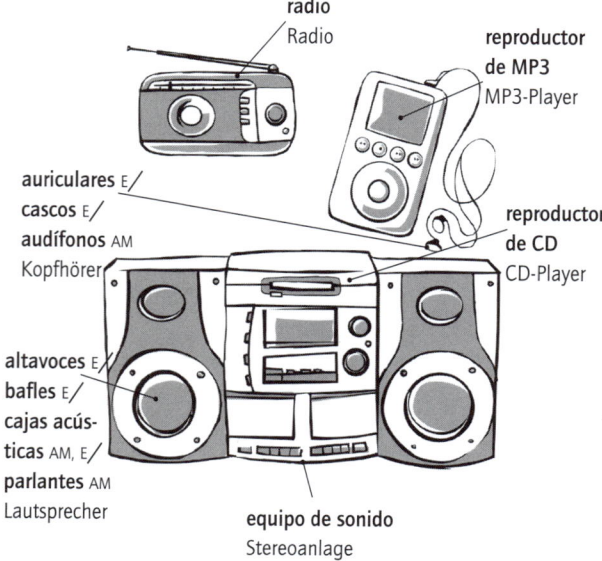

radio
Radio

reproductor de MP3
MP3-Player

auriculares E/
cascos E/
audífonos AM
Kopfhörer

reproductor de CD
CD-Player

altavoces E/
bafles E/
cajas acústicas AM, E/
parlantes AM
Lautsprecher

equipo de sonido
Stereoanlage

Für Insider

Teenies und Twens in Spanien und Lateinamerika hören die amerikanische Pop- und Rockmusik, aber auch Bands und Sänger aus den spanischsprachigen Ländern, die international immer mehr Erfolg haben – und das zu Recht. Alejandro Sanz, Shakira, Ricky Martin oder Maná sind weltbekannte Beispiele.

Film & Fernsehen

Du willst vor der Glotze oder im Kino abhängen? Dann helfen dir diese Ausdrücke weiter ...

Me encanta ver .../**Me mola ver ...** E	Ich seh mir gern ... an.
dibujos animados.	Zeichentrickfilme
telenovelas (wörtl.: Fernsehromane) AM, E	Soaps
culebrones. (wörtl.: Schlangenserien) E	
telediarios E/**informativos** E/**noticieros.** AM	die Nachrichten
reality shows.	Reality-Shows
debates.	Diskussionen
programas de entrevistas E/**talk shows.** AM	Talkshows
pelis E/**películas.**	Spielfilme

¿Dónde anda la guía de la tele?
Wo ist denn das Fernsehprogramm?

Pásame el mando. E/**Pásame el control.** AM
Gib mir mal die Fernbedienung.

¡No me cambies el canal!
Ey, nicht umschalten!

Jorge no para de hacer zapping.
Jorge zappt ständig rum.

Vamos al cine.
Gehen wir ins Kino.

Vamos a alquilar una película.
Leihen wir uns einen Film aus.

¿Tienen …?	Haben Sie …?
películas de acción	Actionfilme
comedias	Komödien
películas románticas	Liebesfilme
películas de terror/películas de miedo	Horrorfilme
películas del Oeste	Western
¿Está …?	Ist der Film …?
en español	auf Spanisch
subtitulada	mit Untertiteln
doblada	synchronisiert

Für Insider

„Gran Hermano" (Big Brother) war in Spanien wie in vielen anderen Ländern ein Riesenerfolg. Ein absoluter Hit wurde auch die Sendung „Operación Triunfo" (die spanische Version von „Deutschland sucht den Superstar"), in der der beste Sänger oder die beste Sängerin unter den Teilnehmern ermittelt wurde. Die besten Filme in Spanien werden nicht mit einem Oscar, sondern mit einem „Goya" prämiert. Das wichtigste Filmfestival findet in San Sebastián statt. In Spanien gibt es eine Reihe von Musikfestivals. Das bekannteste Sommerfestival findet in Benicasim statt. Dort treten Stars wie The Chemical Brothers oder Björk auf. Die Jazzfestivals von Vitoria und San Sebastián sind ein Magnet für Jazzmusiker aus der ganzen Welt, das WOMAD-Festival von Cáceres ist ein Muss für alle Fans von Ethnomusik. Die „Premios Billboard de la Música Latina" und die „Premios Grammy Latino" werden von den USA aus gemanagt. Sie versammeln die Superstars aus Latin Rock und Latin Pop.

GESTEN

Hier findest du ein paar coole südamerikanische und spanische Gesten. Aber Vorsicht! Ihre Bedeutung kann von Land zu Land manchmal völlig unterschiedlich sein.

Taugt!/Coole Sache!/Perfekt!E

Im Gegensatz zu anderen Ländern hat diese Geste in Spanien absolut nichts mit Sex zu tun.

Geht's noch?/Du spinnst wohl!

Wird ziemlich häufig benutzt. Immer dann angebracht, wenn jemand unangenehm aus der Rolle fällt.

Ich hab's vergessen!

Zusammen mit dieser Geste kannst du „¡Mierda! ¡Se me olvidó!" (Scheiße, ich hab's vergessen!) sagen.

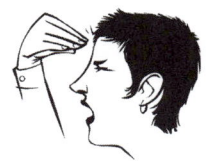

Er oder sie ist besoffen!
Prost!

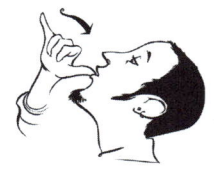

Er/Sie ist sexy/zum Anbeißen. Etwas ist knackig/super lecker. ᴀᴍ/ Es ist superlecker. ᴇ
Du kannst „Mmmmm" (mhm) dazu machen, wenn du so richtig begeistert aussehen willst.

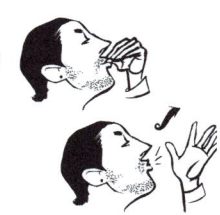

Ich will mit dir schlafen! ᴀᴍ
Das ist zwar nicht gerade grob, aber manche Leute könnten sich trotzdem beleidigt fühlen!

Ich will Sex./ Ich hatte Sex./ Er oder sie hatte Sex.!
Ziemlich eindeutig.

Er/Sie ist homo.! AM/ Er/Sie hatte Sex.! E

Das kommt ziemlich krass rüber, also besser nur bei den richtigen Leuten anwenden!

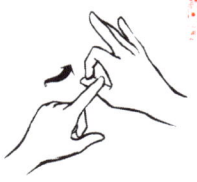

Er holt sich einen runter.!

Noch eine ziemlich dreckige Geste. Vorsicht, nicht elternfrei!

Hat er/sie dir einen geblasen?!

Kann unter Freunden sehr lustig rüberkommen!

Fick dich! ♂ 💣

Benutz diese Geste nur, wenn dir jemand wirklich auf den Sack geht. Sag dazu:
„¡Vete a tomar por culo!/ ¡No me toques los cojones!" (Verpiss dich/Geh mir nicht auf den Sack!)

Fick dich!
Hier funktioniert's auch
ohne Worte bestens!

Für Insider

Es gibt einige Gesten, die in Spanien was ganz anderes bedeuten
als in manchen Ländern Lateinamerikas.
- Sich-die-Hände-Reiben heißt in Spanien „mir ist kalt". Bei Latinos
  bedeutet es, dass man erregt ist.
- Zieh nicht die Schulter hoch und lass sie dann wieder fallen. Für
  einen Latino heißt das, dass er dir komplett am Arsch vorbeigeht.